特色・進路・強みから見つけよう！

大学マップ

小林哲夫 Kobayashi Tetsuo

★——ちくまプリマー新書
431

目次 ＊ Contents

はじめに

東京大、京都大、早稲田大、慶應義塾大はだれでも知っている。政官財に多くの人材を輩出してきた。ノーベル賞候補も何人かいるほど最先端の研究に取り組んでいるからだ。大和大（大阪府）、畿央大（奈良県）は関係者や地元以外あまり知られていない。2001年以降に誕生した新しい大学で、卒業生も多くない。だが、いずれも小学校教員を1000人近く送り出しており、東大京大早慶でも敵《かな》わない。「大学の役割が違うから」といえばそれまでだ。しかし、大学一つひとつの役割について、多くの方は知らないだろう。

そこで、本書では大学の役割をわかりやすく示すために、大学をさまざまなテーマでグループ分けして最新情報を掲載した。その大学のもっとも得意とする分野を伝えたかったからである。大学で○○を学びたい。将来は○○になりたい、という方は、これらを得意とする大学を見つけてほしい。

大学を見るとき難易度、歴史と伝統、人気などを優先させて評価を下しがちだ。これでは小粒でもキラリと光る大学を見失ってしまう。じつにもったいない話だ。

いま日本には８００近い大学がある。本書には個性豊かな大学が並んでおり、気になる大学があれば探ってほしい。

大学はおもしろい。大学名を眺めるだけでも惹《ひ》かれる。この大学はどこにあるのか。どんな教育を行っているのか。何を研究しているのか。

ようこそ、大学のワンダーランドへ。大学のおもしろく、不思議な世界をご案内しよう。

〈表中の大学は原則として北から南、国立公立私立の順番で掲載した〉

第1章　これからの大学はどうなる？

日本の最先端――国立大学の研究重点、専門性

２０２４年、東京医科歯科大と東京工業大が統合し、東京科学大が誕生する。２つの大学が一緒になったのは、21年に国が数百億円単位の支援をする「国際卓越研究大学」政策を打ち出したことを受けたいからという側面がある。研究には大金がかかる。財政基盤がしっかりすれば、東京科学大は、分野によっては東京大、京都大を凌《しの》ぎ、最先端研究の最前線に躍り出てくる。世界大学ランキングの上位をねらえる位置につくことができよう。

こうした統合の動きは他大学にも大きな影響を与えそうだ。１つの大学だけでは、生き残れるものの大きく発展するのはむずかしい。そこで研究成果をたくさん出している工学部や医学部がある大学とくっつきたい、という発想だ。できれば近場の大学がいい。しかし、大学の数が少ない地方ではお見合い相手は見つからず、都道府県を越えて求愛するしかない。

戦後、新制大学がスタートしたとき、そして２０００年代の行財政改革をへて国立大学再編化が進んだとき（東京水産大と東京商船大が統合して東京海洋大が誕生など）、鳥取大＋島根大

＝山陰大、福井大＋富山大＋金沢大＝北陸総合大、四国4県の大学を合わせた四国総合大の案が出ている。

表（次頁）は研究に勢いがある大学について、科研費（文部科学省からの公的資金、科学研究費補助金）の配分額からグループ分けしてみた。これは研究テーマが評価されて、それに応じた資金援助である。医学部、学生定員が多い工学部は上位、中位にくる（静岡大を除く）。医学部があるものの、工学部の規模が小さいところは下位に位置する。

研究をお金で測る場合、人文社会系中心の大学はどうしても見劣りしてしまう。自然科学系のように1億円単位の機械、機材は必要とされないからだ。しかし、文献整理、海外との交流、フィールドワーク、人件費などで研究費はかかる。一橋大は経済、経営、商学などの分野で、東京外国語大は語学、地域調査の領域において国内では最先端の研究を行っているが、下位グループに属する。文系単科大学の限界だ。この2大学にすれば研究費は十分ではなく、いずれも単独で「国際卓越研究大学」になるのはむずかしい。もし東京外国語大、一橋大が東京科学大と一緒になれば、東京大と競える総合大学になれたが、それはかなわなかった。

国立大学を特色ある学部でグループ分けした。情報系では、2023年に一橋大学がソー

国立大学の研究水準——科研費獲得状況（金額）

科研費　40 億円以上

北海道大、東北大、筑波大、東京大、東京工業大、名古屋大、京都大、大阪大、九州大

科研費　10 億円以上、40 億円未満

千葉大、東京医科歯科大、東京都立大、慶應義塾大、順天堂大、東京理科大、日本大、早稲田大、横浜国立大、新潟大、金沢大、信州大、立命館大、大阪市立大、大阪府立大、神戸大、岡山大、広島大、徳島大、愛媛大、長崎大、熊本大

科研費　4 億円以上、10 億円未満

札幌医科大、弘前大、秋田大、山形大、福島県立医科大、茨城大、自治医科大、群馬大、埼玉大、電気通信大、東京外国語大、東京農工大、一橋大、昭和大、中央大、帝京大、東海大、東京慈恵会医科大、明治大、立教大、横浜市立大、北里大、長岡技術科学大、富山大、福井大、山梨大、岐阜大、静岡大、浜松医科大、静岡県立大、名古屋工業大、名古屋市立大、藤田医科大、三重大、京都工芸繊維大、京都府立医科大、同志社大、関西大、関西医科大、近畿大、兵庫県立大、関西学院大、奈良県立医科大、和歌山県立医科大、鳥取大、島根大、山口大、香川大、高知大、九州工業大、福岡大、佐賀大、大分大、宮崎大、琉球大

2022 年　文部科学省資料から作成

シャル・データサイエンス学部を設置した。今後、社会でＡＩが重要な役割を果たすようになるなか、データを使いこなせる人材を育成する。国際系では千葉大がさまざまな留学制度のメニューをそろえている。また、「グローバル人材育成ENGINEプラン」と銘打ち、国際教養学部のみならず、園芸学部、看護学部含めて全学部、卒業までに1回の「留学」を必須とする、というハデなグローバル化施策を打ち出した。

一方、国内にもっと目を向けるべきと訴えるかのように、２０１０年代、宇都宮大、岐阜大、高知大、宮崎大に地域活性化を掲げた学部が生まれた。宮崎大地域資源創成学部は、地域産業創出、地域創造、企業マネジメントの3コースに分かれて、「日本中の地方創生分野で活躍できる人材育成を目指します」とある。脱都会派宣言と言えようか。

経済系、工業、農業系の単科大学は独自の特徴を出しており、これまで国立大学ブランドゆえの信頼感を得てきた。しかし、存在感をしっかり示せないところがあり、中堅の私立大学との併願で入学者に逃げられてしまうケースは見られた。

東京工業大、東京医科歯科大の統合ショックは単科大学に再編を促しかねない。いくつか話が出ている。①京都、大阪、奈良の教育大が合併して「関西教育大」になる。②滋賀医科大が滋賀大ではなく県内にキャンパスを置く立命館大と一緒になる。③東京芸術大に東京大

国立大学　特色学部を設置

情報系

群馬大［情報］、電気通信大［情報理工学域］、東京工業大［情報理工学院］、静岡大［情報］、名古屋大［情報］、広島大［情報科学］、長崎大［情報データ科学］

社会系

愛媛大［社会共創］、金沢大［人間社会学域］、長崎大［多文化社会］、一橋大［社会］、福島大［人文社会学群］

国際系

宇都宮大［国際］、千葉大［国際教養］、神戸大［国際人間科学］、筑波大［社会・国際学群］、東京外国語大［国際社会、国際日本］、福井大［国際地域］、山口大［国際総合科学］、琉球大［国際地域創造］

環境系

筑波大［生命環境学群］、東京海洋大［海洋資源環境］、東京工業大［環境・社会理工学院］、長崎大［環境科学］、奈良女子大［生活環境］、長崎大［環境科学］

人間系

筑波大［人間学群］、富山大［人間発達科学］、金沢大［人間社会学域］、京都大［総合人間］、大阪大［人間科学］、神戸大［国際人間科学］、島根大［人間科学］

地域系

宇都宮大［地域デザイン科学］、岐阜大［地域科学］、高知大［地域協働］、宮崎大［地域資源創成］

2022年　各大学のウェブサイトから作成

からラブコールが送られている。④東京外国語大、一橋大はいずれも起源が同じだったこともあり、いずれは先祖返りで統合する。⑤横浜国立大は医学部がある横浜市立大、看護や医療系がある神奈川県立保健福祉大と一緒になる――。あやしい都市伝説もなくはないが、これらのうちいくつかは文科省内でもまじめに語られていた。

大学グループをじっくり見ると、大学の特徴がわかるとともに、統合を含めた将来像が見えてくる。目が離せない。

地方活性化に奮闘――公立大学の社会貢献

2022年、大阪公立大が誕生した。大阪府立大と大阪市立大の統合によるもので、公立大学では学生数がもっとも多くなった。東京都立大を抜いて1万2000人を数える。これは国公立大学のなかでも東京大、京都大に次ぐもので、大阪大を上回っている。なるほど、大阪公立大誕生時、英文表記をUniversity of Osakaを提案して、大阪大を不快にさせただけのことはある。私立大学でいえば上智大、駒澤大と同じ規模だ。大阪公立大の強みは法、経済、文、工、理、医、獣医、農などの学部がそろっていることだ。総合大学として研究力が期待できる。ただし、前身の大学がキャンパスが分かれているため、分断されることなく

国立大学　単科大学の規模――学生数

商業、工業、農業、海洋系　学生 2000 人以上
小樽商科大、電気通信大、東京農工大、東京工業大、長岡技術科学大、豊橋技術科学大、名古屋工業大、京都工芸繊維大、九州工業大
商業、工業、農業、海洋系　学生 2000 人未満
帯広畜産大、東京海洋大、北見工業大、室蘭工業大
教員養成、福祉系　学生 1000 人以上
北海道教育大、宮城教育大、東京学芸大、愛知教育大、京都教育大、大阪教育大、奈良教育大、福岡教育大
教員養成、福祉系　学生 1000 人未満
筑波技術大、兵庫教育大、上越教育大、鳴門教育大
医学系
旭川医科大、東京医科歯科大、浜松医科大、滋賀医科大
芸術、体育、外国語系
東京外国語大、東京芸術大、鹿屋体育大
女子大
お茶の水女子大、奈良女子大

2022 年　各大学のウェブサイトから作成

機能できるかは大きな課題となる。

これほど規模が大きい公立大学は全体のなかでは少数派である。多くは3、4学部の小規模である。

公立大学は都道府県あるいは市の地方自治体によって運営されている。それゆえ、その地域に根付いた大学と思われがちだ。間違ってはいない。自治体、企業、医療や福祉施設などに優れた人材を送り出し、地域の活性化を担ってきた。一方、半世紀以上の歴史がある群馬の高崎経済大、山梨の都留文科大は全国から学生が集まり、全国の企業にビジネスパーソン、自治体や学校に公務員、教員を輩出してきた。いまでもその伝統は変わらない。地元だけでなく、全国各地で地域の活性化を担う人材を育成する。それが公立大学の特徴といえる。

一方で、かなり挑戦的、実験的な教育を打ち出したところもある。福島の会津大はコンピューター理工学部のみの単科大学で情報処理の専門教育を行っている。ロシア出身の外国人教員が多い。秋田の国際教養大はグローバル化を強くアピールし、すべて英語による授業で、留学必須となっている。いずれも地元からの入学者、地元自治体や企業への就職者は多くない。福島、秋田の県議会では税金投入を疑問視する声もでていたが、大学受験の世界では難易度が高く志願者を多く集めており、全国区大学としての評価が定着している。地元への貢

公立大学の規模――学生数

学生　4000人以上

高崎経済大、東京都立大、横浜市立大、大阪公立大、兵庫県立大、北九州市立大

学生　2000人以上、4000人未満

岩手県立大、宮城大、秋田県立大、埼玉県立大、富山県立大、福井県立大、都留文科大、静岡県立大、名古屋市立大、愛知県立大、滋賀県立大、京都府立大、神戸市外国語大、島根県立大、岡山県立大、県立広島大、広島市立大、下関市立大、高知工科大、長崎県立大、熊本県立大、名桜大

学生　1000人以上、2000人未満

釧路公立大、公立千歳科学技術大、公立はこだて未来大、札幌医科大、青森公立大、福島県立医科大、会津大、前橋工科大、新潟県立大、長岡造形大、山梨県立大、長野大、公立諏訪東京理科大、静岡文化芸術大、京都府立医科大、奈良県立医科大、和歌山県立医科大、公立鳥取環境大、尾道市立大、福山市立大、山陽小野田市立山口東京理科大、山口県立大、高知県立大、福岡県立大、福岡女子大

2022年　各大学のウェブサイトから作成

献というより、全国各地で産業活性化の一翼を担う人材を育成するといっていい。
2000年以降、公立大学に看護、医療、福祉、保健系の学部がたくさん誕生した。国の政策によるものであり、地方の受験生はずいぶん助かった。それまで看護師、理学療法士、社会福祉士、保健師になるためには大都市圏の大学へ進学し地元を離れなければならなかったが、これで自宅から通える。しかも公立だ。経済的負担は軽い。地域を元気にするため、公立大学は世のため、人のためになっている。

地方の過疎化、少子化対策にも公立大学は重要な役割を果たしている。

2022年、山口県周南市内の私立、徳山大が周南公立大として生まれ変わった。周南市長は市議会で、「ブランド力を高め学費を抑えることで志願者が増加し、優秀な人材の確保や大学の質的向上が図られる」「地元の進学先や受け皿の確保につながる」旨の説明をした。

自治体にすれば、もし地域にある大学が定員割れをおこし廃校にでもなったら、若い世代が他の地域から来なくなるばかりか、地元の人たちも外へ流出する。また、大学が存在することで生み出された雇用が失われてしまう。大学の事務職、施設設備の保全、清掃、衛生管理、食堂、コンピューター管理などの仕事が、大学周辺に住む人々から奪われてしまう。さらに、大学から教養、専門分野の最新情報が発信できなくなり、地域住民の知的関心を満た

公立大学の設置学部――経済、経営、商学系／外国語、国際系

経済、経営、商学系　東日本
釧路公立大（経済）、青森公立大（経営経済）、高崎経済大（経済）、東京都立大（経済経営）、横浜市立大（国際商）、福井県立大（経済）、静岡県立大（経営情報）、名古屋市立大（経済）、福知山公立大（地域経営）

経済、経営、商学系　西日本
大阪市立大（経済、商）、兵庫県立大（国際商経）、公立鳥取環境大（経営）、尾道市立大（経済情報）、県立広島大（経営情報）、福山市立大（都市経営）、下関市立大（経済）、高知工科大（経済・マネジメント学群）、北九州市立大（経済）、長崎県立大（経営）

外国語、国際系　東日本
国際教養大（国際教養）、群馬県立女子大（国際コミュニケーション）、横浜市立大（国際教養）、新潟県立大（国際地域）、公立小松大（国際文化交流）、山梨県立大（国際政策）、静岡県立大（国際関係）、愛知県立大（外国語）、神戸市外国語大（外国語）

外国語、国際系　西日本
広島市立大（国際）、山口県立大（国際文化）、北九州市立大（外国語）、福岡女子大（国際文理）、長崎県立大（国際社会）、名桜大（国際学群）

2022年　各大学のウェブサイトから作成

す場（市民向けの外国語、コンピューター講座など）がなくなる。自治体が大学を失うことによって、地域の経済発展、文化育成の面で多大な影響を受けてしまう。公立大学の誕生は、自治体、ひいては地域住民にとっては救世主となった。

こうした動きは全国的に見られている。2010年以降、公立千歳《ちとせ》科学技術大（北海道）、長岡造形大（新潟）、長野大、公立諏訪《すわ》東京理科大（以上、長野）、福知山公立大（京都）、公立鳥取環境大（鳥取）、山陽小野田市立山口東京理科大（山口）などだ。これらのなかには、私立大学のままだったら学生が集まらず募集停止を余儀なくされるところもあった。

2020年代、三条市立大（新潟）、芸術文化観光専門職大（兵庫）、叡啓《えいけい》大（広島）など個性的な公立大学が誕生している。

多様な人材を育成——私立大学の底力

日本でもっとも大きい規模の大学はどこか。

学生数ならば日本大だ。その数は6万5000人以上にのぼる。2位早稲田大の約3万7000人を大きく引き離す。さまざまな分野を学べるという意味で学部数を競うと、東海大がトップで、23学部を擁する。16学部の日本大、立命館大、15学部の法政大、14学部の同志

公立大学の設置学部――看護、医療、福祉系／芸術系／医科系単科大

看護、医療、福祉系　東日本
札幌医科大（保健医療）、札幌市立大（看護）、名寄市立大（保健福祉）、青森県立保健大（健康科）、岩手県立大（看護）、岩手県立大（社会福祉）、宮城大（看護学群）、山形県立保健医療大（保健医療）、福島県立医科大（看護）、茨城県立医療大（保健医療）、群馬県立県民健康科学大（看護）、群馬県立県民健康科学大（診療放射線）、埼玉県立大（保健医療福祉）、千葉県立保健医療大（健康科）、東京都立大（健康福祉）、神奈川県立保健福祉大（保健福祉）、新潟県立看護大（看護）、富山県立大（看護）、石川県立看護大（看護）、公立小松大（保健医療）、敦賀市立看護大（看護）、福井県立大（看護福祉）、山梨県立大（看護）、山梨県立大（人間福祉）、長野大（社会福祉）、長野県看護大（看護）岐阜県立看護大（看護）、静岡県立大（看護）、愛知県立大（看護）、名古屋市立大（看護）、三重県立看護大（看護）
看護、医療、福祉系　西日本
滋賀県立大（人間看護）、京都府立大（公共政策）、大阪公立大（地域保健学域）、神戸市看護大（看護）、兵庫県立大（看護）、和歌山県立医科大（保健看護）、島根県立大（看護栄養）、岡山県立大（保健福祉）、新見公立大（健康科）、県立広島大（保健福祉）、山口県立大（社会福祉）、山口県立大（看護栄養）、香川県立保健医療大（保健医療）、愛媛県立医療技術大（保健科）、高知県立大（看護）、高知県立大（社会福祉）、福岡県立大（看護）、長崎県立大（看護栄養）、大分県立看護科学大（看護）、宮崎県立看護大（看護）、沖縄県立看護大（看護）、名桜大（人間健康）
芸術系
札幌市立大（デザイン）、秋田公立美術大（美術）、長岡造形大（造形）、金沢美術工芸大（美術工芸）、静岡文化芸術大（デザイン）、愛知県立芸術大（美術、音楽）、名古屋市立大（芸術工）、京都市立芸術大（美術）、京都市立芸術大（音楽）、岡山県立大（デザイン）、尾道市立大（芸術文化）、広島市立大（芸術）、沖縄県立芸術大（美術工芸、音楽）
医科系単科大
札幌医科大、福島県立医科大、京都府立医科大、奈良県立医科大、和歌山県立医科大

2022年　各大学のウェブサイトから作成

社大、近畿大、関西学院大、13学部の東洋大、早稲田大、関西大と続く（2022年）。

これだけ学生数が多く、学部がたくさんあれば、1つのキャンパスではおさまりきれない。日本大には工学系が理工、工、生産工の3学部あり、キャンパスはすべて異なる。工学部が福島県郡山市にあり4年間ここで学ぶ。理工学部が神田神保町にあるが一部の学科は習志野（千葉）にある。生物資源科学部は農学系、獣医系、水産系の学科があり、キャンパスは藤沢（神奈川）だ。東海大は神奈川県がメインになるが、札幌に国際文化、生物の2学部、静岡に人文、海洋の2学部、熊本には農、文理融合の2学部がある。

日本大の福島、東海大の札幌や熊本のキャンパスには地元出身者が多く、いずれも大学全体の事務機能を果たす本部がある東京の出身者は少ない。これらに通う学生は大規模大学に身を置くという感覚はあまり持たないだろう。日本大福島校、東海大熊本校としたほうがわかりやすい。

関西は学部数が多い大学でもキャンパスが少ない。関西学院大は西宮と三田の2地区、同志社大は今出川と京田辺の2地区にキャンパスがある。学部ごとのキャンパス分散型大学よりも、専門分野を超えた学びができる。また、学生間の交流ができやすく部やサークル活動を進める上で都合が良い。1つのキャンパスに複数がひしめいている状態であり、早稲田大、

私立大学の規模――学生数

学生数　3万人以上、6万7000人未満
日本大、明治大、早稲田大、立命館大、近畿大
2万人以上、3万人未満
慶應義塾大、中央大、帝京大、東海大、東洋大、法政大、同志社大、関西大、関西学院大
1万人以上、2万人未満
東北学院大、青山学院大、国士舘大、駒澤大、上智大、専修大、大東文化大、東京農業大、東京理科大、明治学院大、立教大、立正大、関東学院大、神奈川大、名城大、中部大、中京大、愛知学院大、龍谷大、京都産業大、関西外国語大、神戸学院大、福岡大
7000人以上、1万人未満
国際医療福祉大、文教大、獨協大、城西大、千葉工業大、明星大、武蔵野大、日本体育大、東京電機大、東京工科大、帝京平成大、拓殖大、成蹊大、芝浦工業大、国学院大、学習院大、桜美林大、北里大、常葉大、南山大、愛知淑徳大、愛知大、摂南大、大阪産業大、大阪工業大、追手門学院大、武庫川女子大、甲南大、西南学院大、九州産業大

2022年　各大学のウェブサイトから作成

上智大に近い。慶應義塾大、明治大が多くの学部で学年によってキャンパスが異なるので（三田と日吉など、お茶の水と和泉など）、1年生と4年生の交流はない。

大学を選ぶとき、学部の所在地は意外に見落としがちだ。たとえば、法政大の経済、社会、現代福祉、スポーツ健康の4学部のキャンパスは市ヶ谷ではなく多摩にある。自然あふれる山間、都心のビジネス街、どちらのキャンパスで学ぶのが自分にピッタリか。4年の学生生活で大きなポイントになる。

学部別で学生数の規模を見てみよう。

法、経済の2学部では、日本大、中央大から公務員を多く送り出している。日本大は附属系列が各地にあるので全国から学生がキャンパスに集う。中央大もMARCHのなかではもっとも全国区だ。大人数なのでさまざまな背景を持った学生と知りあえる。少人数でアットホームな雰囲気をのぞむならば物足りないかもしれない。一方、東北学院大、名城大、西南学院大、福岡大では卒業生が地元自治体や企業で活躍するケースが多く見られ、地域に根ざした大学といえる。

教育学部について、文科省内には国立大学の教員養成系学部不要論があり、私立大学に任せるべきという意見がある。いわば教員養成の民営化だ。それに応えるように私立大では教

私立大学の規模（法学系）――学生数

学生数　5000人以上

慶應義塾大［法］、中央大［法］、日本大［法］

学生数　3000人以上、5000人未満

専修大［法］、法政大［法］、明治大［法］、早稲田大［法］、同志社大［法］、立命館大［法］

学生数　1500人以上、3000人未満

獨協大［法］、青山学院大［法］、学習院大［法］、慶應義塾大［総合政策］、国学院大［法］、国士舘大［法］、駒澤大［法］、成蹊大［法］、大東文化大［法］、帝京大［法］、東洋大［法］、明治学院大［法］、立教大［法］、神奈川大［法］、山梨学院大［法］、名城大［法］、京都産業大［法］、同志社大［政策］、立命館大［政策科学］、龍谷大［法］、関西大［法］、近畿大［法］、関西学院大［法］、関西学院大［総合政策］、甲南大［法］、神戸学院大［法］、西南学院大［法］、福岡大［法］

2022年　各大学のウェブサイトから作成

育学部の新設や定員増加が相次いでいる。一方で、学校現場から「定員割れの教育学部出身の教員は適性面で不安がある」という声も聞かれる。それを払拭するような高いレベルの教員養成が求められる。たとえば、これまで国立大学の教育学部では十分にできなかった、いじめ、保護者との付き合い、にしっかり対応できるようなカリキュラムなどだ。

工学部はおもしろい。ノーベル賞を狙える最先端科学技術の研究から、中学高校のおさらいをしっかり行う理数系基本教育重視までそろう。金沢工業大が全国から注目を集めたのはその両面を持っているからだ。昨今、工学部からはデータサイエンス、建築、情報、環境などの学科が学部として独立する動きが見られる。実務家養成色が強い。建築学部はすでに工学院大、近畿大、芝浦工業大にあったが、2020年代、神奈川大、武庫川女子大、関西学院大などに作られ、今後も増えることが予想される。

なかでも、いまデータサイエンス分野に熱い視線が送られている。一橋大、横浜市立大、滋賀大に専門学部が誕生するなか、私立大学も黙っているわけにはいかない。2020年代、武蔵野大、立正大、大阪成蹊《せいけい》大、京都女子大でデータサイエンス系学部が生まれた。現在、理工、情報系学部にデータサイエンス学科を設置している中央大、南山大、大阪工業大、日本工業大などが、学部へ「昇格」することも考えられる。

私立大学の規模（経済学部系）——学生数

学生数　3000人以上

慶應義塾大［経済］、中央大［経済］、帝京大［経済］、日本大［経済］、明治大［政治経済］、神奈川大［経済］

学生数　2000人以上、3000人未満

獨協大［経済］、駒澤大［経済］、専修大［経済］、法政大［経済］、早稲田大［政治経済］、同志社大［経済］、立命館大［経済］、関西大［経済］、近畿大［経済］

学生数　1000人以上、2000人未満

東北学院大［経済］、青山学院大［経済］、学習院大［経済］、国学院大［経済］、国士舘大［政経］、拓殖大［政経］、東京経済大［経済］、東洋大［経済］、明治学院大［経済］、立教大［経済］、京都産業大［経済］、龍谷大［経済］、大阪経済大［経済］、関西学院大［経済］、日本経済大［経済］、福岡大［経済］

2022年　各大学のウェブサイトから作成

私立大学の規模（教育学部系）——学生数

学生数　1500 人以上

白鷗大［教育］、文教大［教育］、明星大［教育］、早稲田大［教育］

学生数　1000 人以上、1500 人未満

東北福祉大［教育］、青山学院大［教育人間科学］、玉川大［教育］、帝京大［教育］、帝京科学大［教育人間科学］、東京福祉大［教育］、岐阜聖徳学園大［教育］、常葉大［教育］、京都女子大［発達教育］、四天王寺大［教育］、関西学院大［教育］、神戸親和女子大［発達教育］、中村学園大［教育］

学生数　800 人以上、1000 人未満

北翔大［教育文化］、十文字学園女子大［教育人文］、秀明大［学校教師］、武蔵野大［教育］、皇学館大［教育］、佛教大［教育］、大阪大谷大［教育］、大和大［教育］、大阪成蹊大［教育］、畿央大［教育］、環太平洋大［次世代教育］

2022 年　各大学のウェブサイトから作成

私立大学の規模（工学部系）――学生数

学生数　5000人以上
東海大［工］、東京理科大［理工］、日本大［理工、生産工］
学生数　3000人以上、5000人未満
千葉工業大［工］、慶應義塾大［理工］、芝浦工業大［工］、中央大［理工］、東洋大［理工］、日本大［工］、明治大［理工］、神奈川大［工］、金沢工業大［工］、愛知工業大［工］、中部大［工］、名城大［理工］、同志社大［理工］、立命館大［理工］、大阪工業大［工］、近畿大［理工］
学生数　2000人以上、3000人未満
東北工業大［工］、青山学院大［理工］、芝浦工業大［システム理工］、東京電機大［理工］、東京電機大［工］、東京都市大［理工］、東京理科大［工］、法政大［理工］、早稲田大［基幹理工］、早稲田大［創造理工、先進理工］、湘南工科大［工］、大同大［工］、大阪電気通信大［工］、関西大［システム理工］、近畿大［工］、摂南大［理工］、広島工業大［工］、福岡大［工］

2022年　各大学のウェブサイトから作成

宗教系大学の歴史――キリスト教、仏教

宗教系大学の歴史からは、日本史や世界史を学べる。

16世紀半ば、最初にキリスト教が日本にやってきてカトリック教会が設立されてから300年以上経った明治時代、欧米からの宣教師が来日し教育機関（ミッションスクール）を作った。これらは男子修道会、女子修道会に分けられる。男子修道会はフランス系が上智大、オランダ系は南山大、女子修道会ではフランス系の白百合《しらゆり》女子大や聖心女子大、ノートルダム清心女子大（広島）、スペイン系の清泉女子大などのルーツ校を作った。

プロテスタント系は、16世紀、ドイツ人牧師、マルチン・ルターがローマ・カトリック教会のあり方（儀式の信仰化、教理の形骸化、組織の腐敗など）を批判し宗教改革をすすめたことから始まる。1870年代以降、プロテスタント系の宣教師が来日し、アメリカ・メソジスト監督教会は青山学院大、アメリカ南メソジスト監督教会は関西学院大などのルーツ校を設立した。また、アメリカの外国伝道組織の日本人宣教師、新島襄《にいじまじょう》が同志社大のルーツとなる同志社英学校を設立する。校名の由来は、「志を同じくする者が集まって創る結社」だ。

大学のキリスト教科目について、カトリック系のほとんどは必修となっている。プロテスタント系では立教大など必修となっていないところがある。

宗教系大学――キリスト教（プロテスタント、カトリック）

プロテスタント系　東日本

北星学園大、稚内北星学園大、酪農学園大、弘前学院大、盛岡大、尚絅学院大、東北学院大、宮城学院女子大、共愛学園前橋国際大、茨城キリスト教大、三育学院大、桜美林大、国際基督教大、恵泉女学園大、聖路加看護大、東京基督教大、東京女子大、東京神学大、東洋英和女学院大、明治学院大、立教大、ルーテル学院大、関東学院大、フェリス女学院大、敬和学園大、北陸学院大、山梨英和大、静岡英和学院大、聖隷クリストファー大、中部学院大、金城学院大、名古屋学院大、名古屋柳城女子大

プロテスタント系　西日本

同志社大、同志社女子大、大阪女学院大、梅花女子大、プール学院大、平安女学院大、桃山学院大、関西学院大、神戸国際大、神戸松蔭女子学院大、神戸女学院大、広島女学院大、四国学院大、松山東雲女子大、梅光学院大、西南学院大、西南女学院大、福岡女学院大、福岡女学院看護大、活水女子大、鎮西《ウエスレヤン》学院大、長崎外国語大、九州ルーテル学院大、沖縄キリスト教学院大

カトリック系

藤女子大、上智大、白百合女子大、聖心女子大、清泉女子大、南山大、京都ノートルダム女子大、大阪信愛学院大、神戸海星女子学院大、ノートルダム清心女子大、エリザベト音楽大、長崎純心大、鹿児島純心大

2022年　各大学のウェブサイトから作成

日本でもっとも古い大学の起源までさかのぼると、多くは仏教系教育機関にたどり着く。593（推古元）年、聖徳太子は四天王寺敬田院を設立し、現在の四天王寺大に継承される。828（天長5）年、弘法大師空海が作った種智院は種智院大のルーツだ。1592（文禄元）年、曹洞宗が仏教の研究、漢学の振興を目的として作った「学林」はのちに駒澤大となり、1639（寛永16）年、浄土真宗の西本願寺に寺院子弟教育のために設立した学寮は龍谷大につながる。現在の学生数は龍谷大が約2万人を数え仏教系ではもっとも多い。次に多いのが駒澤大の約1万3400人だ。京都女子大が仏教系であることは地元以外であまり知られていないだろう。学生寮では、毎朝、仏を拝むことから一日が始まる。1920（大正9）年の設立にあたって、趣意書で「つらつら現今教育の施設を見るに、男子に厚く女子に薄きことなきや」と、女子高等教育の必要性を訴えた。仏教はジェンダーを先取りしている。

13世紀末、日蓮聖人が開いた日蓮宗のウェブサイトには「体系的な仏教学・日蓮教学の勉強をしたいならば、立正大学、身延山大学への入学、編入をお薦めします」とある。天理大の前身は天理外国語学校であり、天理教海外伝道者の育成などを目的に作られた。1971年、創価学会が創価大を開学した。大学案内には「特定の宗教の教義を扱う科目はカリキュラムにありません。いわゆる宗教教育は行っていません」とある。

宗教系大学——仏教、神道、新興宗教

仏教系　東日本
東北福祉大、埼玉工業大、淑徳大、駒澤大、駒沢女子大、武蔵野大、大正大、立正大、鶴見大、東海学園大
仏教系　西日本
佛教大、岐阜聖徳学園大、愛知学院大、愛知文教大、同朋大、名古屋音楽大、名古屋造形大、大谷大、京都女子大、京都光華女子大、京都嵯峨芸術大、京都文教大、花園大、龍谷大、身延山大、大阪大谷大、四天王寺大、相愛大、兵庫大、高野山大、種智院大、筑紫女学園大
神道系
国学院大、皇学館大
新興宗教
創価大（創価学会）、関西福祉大（金光教）、天理大（天理教）

2022年　各大学のウェブサイトから作成

大学の新興勢力——新設大学の台頭

新設大学は知名度を高めたい。そのためには教育の成果を示すことがいちばんいい。しかし、その大学の学生が教育内容、たとえば知識や技術が身についたことを示すのはむずかしい。これらは数値化しにくいからだ。教育の成果を就職にかかわる実績につなげれば、ある程度はわかる。資格試験合格者、採用内定者の数などだ。

大阪、奈良、岡山の新設大学が小学校教員採用でわかりやすい実績を示してくれた（カッコは大学開学年、所在地）。いずれも地元の国立大学を上回っているか、対等に渡り合っているかである。

畿央大（2003年、奈良）は90人だった。奈良教育大63人よりも多い。大和大（14年、大阪）は98人だった。大阪教育大252人、四天王寺大110人に次いで3番目となった。環太平洋大（IPU）（07年、岡山）は81人だった。岡山大が88人なので、もうすぐ追いついてしまう。環太平洋大教育経営学部出身（20年卒）の小学校教員がこう話す。「この2年間で悩んだり、分からないことも沢山ありました。その度に同僚の先生や同じIPU卒業生の同期に相談するなど、色々な人に頼りながら乗り越えていきます。失敗と成功を繰り返しながら教員としての道が少しずつ見えてきたとも感じています」（大学ウェブサイト）。

新設大学（2001 年以降の開学）の規模――学生数

（　）内は開学年

3000 人以上
新潟医療福祉大（2001）、名古屋学芸大（2002）、大和大（2014）、兵庫県立大（2004）、環太平洋大（2007）
2000 人以上、3000 人未満
尚絅学院大（2003）、高崎健康福祉大（2001）、東京医療保健大（2005）、横浜薬科大（2006）、大阪医科薬科大（2021）、大阪成蹊大（2003）、畿央大（2003）、県立広島大（2005）
1000 人以上、2000 人未満
日本医療大（2014）、群馬パース大（2005）、埼玉学園大（2001）、日本薬科大（2004）、日本医療科学大（2007）、共栄大（2001）、東都大（2009）、ものつくり大（2001）、千葉科学大（2004）、了徳寺大（2006）、東京海洋大（2004）、東京未来大（2007）、嘉悦大（2001）、デジタルハリウッド大（2005）、東京富士大（2002）、田園調布学園大（2002）、新潟県立大（2009）、仁愛大（2001）、松本大（2002）、公立諏訪東京理科大（2002）、岐阜医療科学大（2006）、愛知東邦大（2001）、星城大（2002）、びわこ成蹊スポーツ大（2003）、森ノ宮医療大（2007）、大阪人間科学大（2001）、関西医療大（2003）、藍野大（2004）、羽衣国際大（2002）、兵庫医療大（2007）、神戸常盤大（2008）、公立鳥取環境大（2001）、尾道市立大（2001）、福山市立大（2011）、純真学園大（2011）、熊本保健科学大（2003）

2022 年　各大学のウェブサイトから作成

警察官採用者にも新設大学上位に大和大、環太平洋大が顔を出すのは、学生数の多さが強みとなっている。新潟医療福祉大（01年）から15年富山県警に採用された学生が大学について、社会人としての基礎能力を育成する機会だった、とふり返る。

「例えば本学は実習が多いため、実習生としてでも社会を経験することで言葉遣いや話し方等も含めたコミュニケーション能力やマナーといった社会人として必要な能力を身につけたり、自分に不足している能力に気付いたりする機会の一つになっているのだと思います」（大学ウェブサイト）。

管理栄養士国家試験では名古屋学芸大がハデな告知をしている。管理栄養学部管理栄養学科に入学した学生には全員に国家資格を手にしてほしい、と大学は願っており、それに近い数字をはじき出している。「開学以来17年連続！　中部地区1位　2022年3月卒業生170人のうち168人が受験し、168人が合格！　受験率98・8%　合格率100%」（大学ウェブサイト）。講義は科目ごとに専門教員が担当。要点を絞ったオリジナルの参考書や問題集をもとに国家試験対策を講じる。「『答えを暗記する』のではなく、「仕組みを理解する」力を養います。そして定期的に行う模擬試験の結果から、一人ひとりの苦手分野や、つまずきのポイントを分析し、完全に理解できるまでマンツーマンで指導を行います」（大学ウェブサイト）。

新設大学（2001年以降に開学）の進路——小学校教員、警察官

小学校教員　50人以上、100人未満

共栄大、大和大、畿央大、環太平洋大、山口学芸大

小学校教員　10人以上、50人未満

尚絅学院大、東北文教大、育英大、高崎健康福祉大、浦和大、植草学園大、白梅学園大、東京未来大、新潟医療福祉大、北陸学院大、仁愛大、松本大、浜松学院大、岡崎女子大、名古屋学芸大、大阪青山大、大阪成蹊大、大阪総合保育大、神戸常盤大、中国学園大

警察官　10人以上、70人未満

びわこ成蹊スポーツ大、環太平洋大

警察官　3人以上、10人未満

東北公益文科大、千葉科学大、新潟医療福祉大、仁愛大、公立諏訪東京理科大、松本大、県立広島大

警察官　1、2人

尚絅学院大、東北文教大、高崎健康福祉大、共栄大、嘉悦大、東京未来大、新潟県立大、石川県立大、公立小松大、長野県立大、清泉女学院大、静岡英和学院大、愛知東邦大、長浜バイオ大、大阪女学院大、大阪成蹊大、大和大、神戸常盤大、尾道市立大、長崎外国語大

2022年　大学通信資料から作成

新設大学（2001 年以降の開学）の進路――社会福祉士、管理栄養士国家試験合格

社会福祉士　40 人以上、70 人未満

高崎健康福祉大、神奈川県立保健福祉大、田園調布学園大、新潟医療福祉大

社会福祉士　10 人以上、40 人未満

東京通信大、名寄市立大、秋田看護福祉大、東北公益文科大、群馬医療福祉大、白梅学園大、新潟県立大、健康科学大、静岡福祉大、大阪人間科学大、県立広島大

管理栄養士　70 人以上、130 人未満

尚絅学院大、高崎健康福祉大、仁愛大、名古屋学芸大、畿央大、九州栄養福祉大

管理栄養士　35 人以上、70 人未満

名寄市立大、山形県立米沢栄養大、桐生大、人間総合科学大、千葉県立保健医療大、東京医療保健大、東京聖栄大、神奈川県立保健福祉大、新潟県立大、新潟医療福祉大、長野県立大、松本大、修文大、京都華頂大、大阪青山大、千里金蘭大、羽衣国際大、兵庫県立大、中国学園大、県立広島大

2022 年　各省庁資料から作成

第2章　イメージとは違う就職率

保護者向けの大学説明会でもっとも関心を示されるのが、就職率である。高ければ高いほど安心する一方、大学にすれば就職率１００％もしくはそれに近ければ、学生への指導が熱心という、ありがたい評価を得られる。就職率の高さが地域の高校に定着すれば、学生募集にとって強い味方になる。

では、就職率が高い大学はどのような特徴があるだろうか。上位校を眺めると、①専門職（教育、看護、医療、福祉など）の養成に実績がある、②技術系人材を育てる理工系が強い、③女性が多く学んでいる、④地域に根ざした公立大学、などがあげられる。これらの大学に言わせると、就職率について、90％では低い、95％は当たりまえ、常に97％以上が求められる。一方、就職率が高くないところは、①学生数が多い大規模私立大学、②法、経済、経営、商、文など人文社会系学部が中心、③国家試験総合職、一部上場企業、海外留学など難関な進路をめざす学生が多い、などがあげられる。早慶ＭＡＲＣＨ、関関同立クラスで１００％は考えにくい。

したがって就職率を、すべての大学を同じ土俵に並べて比べたところで、それぞれの大学の特徴をしっかり摑《つか》めない危うさはある。早慶のような伝統校より、開学10年の新設校のほうが就職率は高く出るのは当たりまえの話であり、規模、学部構成などがあまりにも違うからだ。それでもランキングまたはグループ分けすると、上位校仲間には進路支援で共通項が見られるのだから、おもしろい。たとえば教員と職員が一緒になって学生をマン・トゥ・マンで指導する、内定をもらえない学生にとことん付き合うなどだ。こうした面倒見の良さは大規模大学では限界があり、就職率で大きな差が出てしまう。少しでも就職率を高くする、あるいは高く見せたい。それは大学にとって生き残りをかけた生命線という側面があり、地方の私立大学は力を入れている。

もっとも、この就職率に対する捉え方は、大学、行政、高校のあいだで一致しているわけではない。学生の新卒採用を所管する厚生労働省、文部科学省は、就職率について、就職者数÷就職希望者×100で算出している。だが、ここでは就職希望者の定義にズレが生じることがあり、実態が示されないケースも出てくる。そこで、昨今、メディアが伝えるようになったのが、実就職率である。計算式は就職者数÷〔卒業生（修了者）数－大学院進学者数〕×100となっている。「実」を追求するために、「希望」という、人によって捉え方が異な

実就職率――規模別（学生 2000 人以上）

93.0% 以上、100% 未満
千葉工業大、東京理科大、名城大、中部大
90.0% 以上、93.0% 未満
芝浦工業大、東京電機大、金沢大、静岡大、愛知大、南山大、大阪府立大、甲南大、九州大
88.9% 以上、90.0% 未満
明治大、信州大、愛知大、南山大、近畿大、関西学院大、山口大、鹿児島大

実就職率――規模別（学生 1000 人以上、2000 人未満）

96.0% 以上、100% 未満
金沢工業大、愛知工業大、福井大、大阪工業大
93.0% 以上、96.0% 未満
群馬大、国際医療福祉大、実践女子大、昭和女子大、岐阜大、名古屋工業大、中部大、日本福祉大、三重大、広島工業大、安田女子大
92.5% 以上、93.0% 未満
茨城大、電気通信大、工学院大、東京家政大、東京都市大、九州工業大

2022 年　大学通信の資料をもとに作成

るあいまいさを廃した数値だ。

実就職率でも見えてこない姿がある。留年者だ。就職浪人あるいは学業不振や病気などによる単位不足で卒業できなかった学生は「卒業生」にはならないので、実就職率集計ではカウントされない。となれば、留年がやたら多い場合、就職実績は良好とは言えないだろう。就職率をさらに厳密に突き詰めると、母数を卒業生数として計算するのではなく、その学年が入学したときの学生数にすべきかもしれない。これならば留年者を含めた就職実績になるが、そこまで詳らかにしている大学はない。これでは就職率を高く見せることはできず、大学にとって何のメリットもないからだ。大学の情報公開が進むなか、入学者が卒業し就職するまでどうなったかを明らかにするところが現れてもいい。そのほうが受験生、保護者にすれば、わかりやすく、より信頼されるはずだ。

本書では実就職率が高い上位校をグループ分けした。早慶などおなじみの大学が挙がってこないのは、前述の「就職率が高くならない」理由による。初めて見る大学もあろう。大学を見る風景がすこし違ってきた、と受け止めていただければ、ありがたい。

実就職率――規模別（学生 500 人以上、1000 人未満）

96.0% 以上、100% 未満

聖徳大、大和大、福岡工業大

94.0% 以上、96.0% 未満

順天堂大、昭和大、東京医療保健大、東京薬科大、鎌倉女子大、岐阜聖徳学園大、藤田医科大、畿央大、ノートルダム清心女子大、県立広島大、中村学園大

93.3% 以上、94.0% 未満

和洋女子大、金沢学院大、長岡技術科学大、愛知教育大、大阪教育大、大阪体育大

実就職率――規模別（学生 100 人以上、500 人未満）

100%

自治医科大、四條畷学園大

98.0% 以上、100% 未満

長野県立大、豊田工業大、京都薬科大、富山県立大、島根県立大、星薬科大

97.0% 以上、98.0% 未満

大阪総合保健大、日本赤十字広島看護大、日本文化大、奈良県立医科大、岐阜薬科大、明治薬科大、天理医療大

96.0% 以上、97.0% 未満

群馬医療福祉大、桜花学園大、横浜創英大、愛知学泉大

2022 年　大学通信の資料をもとに作成

実就職率——地域別（北陸・東海）

98.0%以上、100%未満
富山県立大、豊田工業大
96.0%以上、98.0%未満
金沢工業大、福井大、浜松学院大、岐阜県立看護大、愛知学泉大、愛知工業大、桜花学園大、岡崎女子大
94.1%以上、96.0%未満
公立小松大、静岡福祉大、岐阜聖徳学園大、愛知医科大、中部大、名古屋工業大、名古屋文理大、名城大、藤田医科大

実就職率——地域別（関西）

100%
四條畷学園大
96.0%以上、100%未満
京都薬科大、大阪工業大、大阪総合保育大、大和大、奈良県立医科大、天理医療大
95.0%以上、96.0%未満
滋賀医科大、京都医療科学大、畿央大、常磐会学園大、兵庫教育大、神戸市看護大、奈良学園大
94.0%以上、95.0%未満
大阪青山大、関西福祉大、神戸薬科大、兵庫大

2022年　大学通信の資料をもとに作成

実就職率——地域別（北海道、東北）

98.0%以上、100%未満

柴田学園大、東北文教大

94.0%以上、98.0%未満

天使大、八戸工業大、富士大、東北医科薬科大、尚絅学院大、秋田県立大、ノースアジア大

90.5%以上、94.0%未満

旭川医科大、札幌医科大、日本医療大、北海商科大、北海道文教大、青森公立大、八戸学院大、青森中央学院大、岩手県立大、東北工業大、秋田大

実就職率——地域別（関東、甲信越）

100%

自治医科大、育英大

97.0%以上、100%未満

聖徳大、日本文化大、明治薬科大、長野県立大

95.0%以上、97.0%未満

群馬大、群馬医療福祉大、埼玉県立大、東京薬科大、鎌倉女子大、横浜創英大、新潟食料農業大、上越教育大、長野大

94.0%以上、95.0%未満

国際医療福祉大、植草学園大、千葉工業大、実践女子大、順天堂大、昭和女子大、聖路加国際大、東京有明医療大、東京医療保健大、新潟県立大、身延山大

2022年　大学通信の資料をもとに作成

実就職率——地域別（中国・四国）

96.0% 以上、100% 未満

島根県立大、日本赤十字広島看護大、山口学芸大

94.0% 以上、96.0% 未満

中国学園大、ノートルダム清心女子大、美作大、県立広島大、下関市立大、山口東京理科大

91.0% 以上、94.0% 未満

鳥取大、広島工業大、広島女学院大、福山平成大、安田女子大、徳山大、徳島大、香川県立保健医療大、高知工科大

実就職率——地域別（九州・沖縄）

96.0% 以上、100% 未満

福岡工業大

93.0% 以上、96.0% 未満

九州栄養福祉大、九州女子大、中村学園大、福岡女学院看護大、九州ルーテル学院大

91.0% 以上、93.0% 未満

九州工業大、福岡教育大、福岡県立大、九州共立大、久留米工業大、長崎大、鹿児島純心女子大

89.0% 以上、91.0% 未満

九州大、九州歯科大、鹿児島大、大分大

2022 年　大学通信の資料をもとに作成

中央省庁、都道府県職員

「キャリア官僚」「高級官僚」。

国家公務員総合職試験合格者で将来の幹部候補生が約束されている人たちはこう呼ばれる。国会議員が答弁する際、後方からなにやら助言する姿をよく見かける。また野党議員が大臣との質疑応答について、「官僚が作った作文を読んでいるだけじゃないか」と批判するのをときおり耳にする。なるほど、国会での答弁で官僚は重要な役割を果たす。国の重要な政策立案を担っているからだ。そんなキャリア官僚には東京大出身者がやたら多い。

2022年の合格者数は東京大102人、京都大74人、北海道大69人、早稲田大64人、慶應義塾大55人、岡山大55人だった。東京大はその前身である東京帝国大の成り立ちについて「帝国大学ハ国家ノ須要ニ応スル学術技芸ヲ教授……」（帝国大学令）とある。「須要」とは、「なくてはならないこと」、つまり、国家に必要なことに応えるための専門分野を教え、もっと平たく言えば政策を考える専門家を養成する、ということになる。

ところがである。最近、東京大の合格者数が減り続けている。２０１５年４５９人↓16年４３３人↓17年３７２人↓18年３２９人↓19年３０７人↓20年２４９人となっており、21年には３６２人といっきに１００人以上増やして持ち直したが、22年は１００人を割りそうな落ち込みぶりである。２０００年代までは５００人を超えていたので、いまはすっかり人気がなくなった。なぜか。中央官庁での不祥事が続き、国会で対応する官僚のしどろもどろな様子、国民の疑問に応えようとしない姿勢に、魅力を感じないからだろう。とくに「森友・加計学園」での財務省担当者の対応は、官僚志望の学生を失望させたことは想像に難くない。彼らは外資系の金融機関、コンサルタントなどに進路を変えたとも言われている（１４２頁参照）。日本の一部上場企業より大きな仕事を任され、給料もかなり良いからだ。

国家公務員一般職試験合格者は省庁内で「ノンキャリア」と呼ばれているが、特定分野で専門知識を持ち経験豊富ゆえ、「〇〇の神様」「〇〇の天皇」と尊敬される人たちがいる。出身校は広島大、岡山大、山口大など地方の国立大学、早稲田大、明治大、中央大、法政大、日本大など大規模私立大学が多い。国立よりも私立のほうが、公務員試験対策講座は充実している。明治大の行政研究所では公務員試験対策講座を開いている。国家公務員総合職と一般職、地方公務員の採用試験向けだ。正規授業ではない。課外の特別講座として各学年で平

国家公務員総合職試験合格者（2022 年）

50 人以上、110 人未満
北海道大、東京大、慶應義塾大、早稲田大、京都大、岡山大
20 人以上、50 人未満
東北大、千葉大、東京工業大、中央大、明治大、新潟大、名古屋大、大阪大、神戸大、広島大、九州大
10 人以上、20 人未満
岩手大、筑波大、東京外国語大、東京海洋大、東京農工大、一橋大、東京都立大、専修大、東京農業大、東京理科大、日本大、法政大、横浜国立大、金沢大、中京大、同志社大、大阪公立大、愛媛大
4 人以上、9 人未満
弘前大、茨城大、埼玉大、青山学院大、国学院大、国際基督教大、上智大、立教大、横浜市立大、信州大、岐阜大、関西大、近畿大、関西学院大、山口大、長崎大、熊本大、鹿児島大
2、3 人
小樽商科大、福島大、お茶の水女子大、学習院大、駒澤大、津田塾大、日本女子大、武蔵大、富山大、静岡大、名古屋工業大、南山大、三重大、京都府立大、龍谷大、大阪教育大、追手門学院大、神戸市外国語大、兵庫県立大、神戸学院大、鳥取大、公立鳥取環境大、徳島大、香川大、高知大、西南学院大、佐賀大、琉球大

人事院、大学などの資料をもとに作成

日夕方1時間の講義を行い、授業料とは別に年間6万6000円（3年次は13万2000円）かかる。公務員予備校に比べれば半額以下だ。学内にダブルスクールが設置されたといっていい。中央大にも同様な課外有料講座がある。

外務省総合職採用試験に受かり順調に出世すれば、将来、同省幹部そして海外での日本国全権大使になることが約束されている。彼らは「外務省キャリア官僚」と呼ばれる。外務省に勤務すれば家族は海外で生活する機会が増え、子どもは外国語を習得できる環境に置かれる。外国人との交流で「国際感覚」を身につけることもあろう。子どもも外務省勤務という、親子二代続けて外交官というケースはめずらしくない。有名なのは小和田恒《ひさし》、小和田雅子（現、皇后）の父娘であり、いずれも東京大出身だ。

外務省総合職採用試験の合格者は毎年、東京大が10～20人、他大学は1～3人だ。したがって同省事務次官、審議官、G7といった欧米主要国の大使は東京大出身がズラリと並ぶ。私立大学はかなり少数派だ。

こうしたなか2010年代、外務省事務次官、アメリカ大使を歴任した杉山晋輔《しんすけ》は早稲田大出身である。なお、卒業はしていない。その昔、外務省の採用試験は国家公務員試験と別に行われており、大学3年で合格すれば卒業資格を必要とされず入省できたため、優秀な外

国家公務員一般職試験合格者（2022年）

150人以上、240人未満
中央大、日本大、明治大、早稲田大、同志社大、立命館大、岡山大、広島大

100人以上、150人未満
北海道大、北海学園大、東北大、山形大、千葉大、法政大、新潟大、大阪公立大、関西大、神戸大、香川大、愛媛大、九州大、熊本大、琉球大

60人以上、100人未満
金沢大、名古屋大、弘前大、立教大、鹿児島大、関西学院大、北九州市立大、岩手大、中京大、西南学院大、福島大、長崎大、愛知大、静岡大、山口大、東京都立大、大阪大、近畿大、三重大、信州大、福岡大、東北学院大、慶應義塾大

30人以上、60人未満
小樽商科大、室蘭工業大、北星学園大、秋田大、茨城大、筑波大、宇都宮大、埼玉大、東京大、青山学院大、学習院大、駒澤大、上智大、専修大、東京農業大、東京理科大、東洋大、横浜国立大、富山大、都留文科大、岐阜大、名古屋市立大、南山大、名城大、京都大、京都産業大、龍谷大、島根大、松山大、高知大、佐賀大

人事院、大学などの資料をもとに作成

交官には中退がゴロゴロいた。小和田雅子もハーバード大卒業後に東京大法学部3年に編入学してすぐに採用試験を受けて合格した。その際、東京大を中退している。

現在、外務省採用は国家公務員総合職試験に統合されたため、大学卒の資格が必要となり、大学中退で外務省キャリア官僚が生まれることはない。

外務省専門職試験合格者は東京外国語大、大阪大、上智大など外国語学部がある大学が多い。2007年、大阪大は大阪外国語大と合併したことで、大阪大外国語学部からの外交官がいっきに増えた。創価大は2008年から21年までの14年間のうち11年で合格者を出している（08年、12年、19年は合格者なし）。同大学は2014年に法学部に「国際平和・外交コース」をスタートさせた際、こう鼓舞している。「外交官をはじめ、国際機関、グローバル企業など、グローバル・キャリアの養成に一層力を入れていきます。あなたも法学部で外交官を目指し、世界に羽ばたきませんか！」（創価大ウェブサイト2016年9月21日）。なお、外務省専門職試験合格者のなかでもっとも有名な言論人がいる。作家で同省主任分析官をつとめた佐藤優《まさる》で同志社大出身である。

都道府県・市区町村職員では大規模私立大学が多い。2021年は日本大545人、立命館大319人、中央大308人、法政大280人、新潟大248人、早稲田大247人、岡

外務省総合職採用（2008～2022年）

240人以上
東京大
20人以上、60人未満
一橋大、慶應義塾大、早稲田大、京都大
2～5人
東北大、東京外国語大、中央大、立命館大、大阪大
1人
北海道大、筑波大、国際基督教大、明治大、神戸大

外務省専門職員採用（2008～2022年）

120人以上
東京外国語大
30人以上、80人未満
慶應義塾大、上智大、早稲田大、大阪大
10人以上、20人未満
筑波大、一橋大、青山学院大、創価大、中央大、明治大、京都大、立命館大、神戸大、神戸市外国語大、九州大
2人以上、10人未満
東京都立大、北海道大、東北大、国際教養大、獨協大、神田外語大、お茶の水女子大、学習院大、国際基督教大、拓殖大、津田塾大、法政大、立教大、横浜国立大、名古屋大、名古屋外国語大、南山大、京都外国語大、大阪市立大、関西学院大

外務省の資料をもとに作成

山大226人となっている。

上位校は全国から学生が集まるところが多い。Uターンで地元に戻って自治体職員になるケースだ。日本大には全国に附属校が26ある。北海道の札幌日大高校から宮崎の宮崎日大高校まで17都道府県に設置されている。日本大は地域の人材を東京の大学で育て、卒業後は実家に戻って公務員として地域の発展を担う。そんな人づくりをしていると言えようか。

大学のイメージと実態が合わないケースが公務員採用で見られる。

早稲田大は国家公務員総合職と一般職の試験合格者、都道府県・市区町村職員採用者の上位校に顔を出している。早稲田大といえば、「在野」を思い浮かべる人も多いだろう。大学もそれを認めている。「「学問の独立」は、「在野精神」「反骨の精神」と結び合います。早稲田大学は、自主独立の精神を持つ近代的国民の養成を理想として、権力や時勢に左右されない、科学的な教育・研究を行ってきました」（大学ウェブサイト）。

しかし、早稲田大は体制側となる官僚になる者が多い。中央、地方いずれもだ。早稲田の学生にしても公務員という身分の安定さを求めることは自然なのであろう。「在野」「反骨」の精神を持った学生が早稲田に入るとは限らなくなったわけだ。

東京都では早稲田大出身者がもっとも多く働いている、と言われている。2021年、東

地方公務員（2022 年）

500 人以上
北海道教育大、文教大、日本大、愛知教育大
400 人以上、500 人未満
千葉大、新潟大、大阪教育大、関西学院大、広島大、福岡教育大
300 人以上、400 人未満
埼玉大、東京学芸大、中央大、東洋大、日本体育大、法政大、明治大、早稲田大、金沢大、信州大、岐阜聖徳学園大、静岡大、立命館大、関西大、近畿大、関西学院大、愛媛大、鹿児島大
200 人以上、300 人未満
東海大、山口大、玉川大、国学院大、中京大、国士舘大、福岡大、東京家政大、同志社大、明星大、富山大、白鷗大、専修大、香川大、三重大、大分大、島根大、帝京大、福島大、大東文化大、武庫川女子大、中部大、大阪体育大、岩手大、宇都宮大、常葉大、愛知大、岡山大、環太平洋大、龍谷大、大和大、横浜国立大、皇学館大、愛知淑徳大

大学通信の資料をもとに作成

京都職員1類採用には早稲田大が52人採用された。

こんな統計がある。2015年、東京都の局長級以上の幹部の出身校は早稲田大17人、東京大11人、中央大6人、慶應義塾大6人、一橋大6人、千葉大3人だった（2015年7月3日都政新報）。

一方、慶應義塾大は中央、地方の官僚が多くない。役人になるよりビジネスの世界で働きたいという思いが強いのだろう。役人とは許認可などで対決することになる企業人が多いという意味では、慶應義塾大のほうが「在野」「反骨」を示しているのかもしれない。

警察官、消防官、自衛官

警察官になる者が多い大学の上位校は日本大132人、国士舘大100人、帝京大81人、日本文化大81人、東海大75人となっている（2022年）。

このなかで、日本文化大（東京都八王子市）は、2019年に「警察官就職率13年連続日本一」を謳《うた》っていた。警察官の採用でその年の卒業生に占める割合が日本でいちばん高かったという自負である。22年には16年連続となったはずである。

日本文化大は1978年に開学した。現在、1学年は200人程度の小規模校だ。このう

都道府県職員・市区町村職員（2022 年）

150 人以上、240 人未満

中央大、日本大、明治大、早稲田大、同志社大、立命館大、岡山大、広島大

100 人以上、150 人未満

北海道大、北海学園大、東北大、山形大、千葉大、法政大、新潟大、大阪公立大、関西大、神戸大、香川大、愛媛大、九州大、熊本大、琉球大

60 人以上、100 人未満

金沢大、名古屋大、弘前大、立教大、鹿児島大、関西学院大、北九州市立大、岩手大、中京大、西南学院大、福島大、長崎大、愛知大、静岡大、山口大、東京都立大、大阪大、近畿大、三重大、信州大、福岡大、東北学院大、慶應義塾大

30 人以上、60 人未満

小樽商科大、室蘭工業大、北星学園大、秋田大、茨城大、筑波大、宇都宮大、埼玉大、東京大、青山学院大、学習院大、駒澤大、上智大、専修大、東京農業大、東京理科大、東洋大、横浜国立大、富山大、都留文科大、岐阜大、名古屋市立大、南山大、名城大、京都大、京都産業大、龍谷大、島根大、松山大、高知大、佐賀大

大学通信の資料をもとに作成

ち、約80人が警察官になったので、就職希望者を分母にした場合、警察官就職率は5割を超えたことになる。「〇〇に強い」というフレーズは受験生の胸に響き、募集戦略としては成功したわけだ。しかし、同大ではガチガチな警察官養成の就職予備校的な授業を行ってはいない。公務員試験に向けた対策、とくに基礎的な知識、教養を地道に教えてきた。その成果の表れと言えよう。また、警察官志望総合型選抜（旧警察官ＡＯ入試）を実施し、「卒業後の職業として警察官をめざす者」を募っている。

環太平洋大は近年、警察官就職者を増やしてきた（22年は68人）。その主力はスポーツ系学生とみることができる。同校ウェブサイトには警察官になった卒業生の声が次のように紹介されている。「ラグビーで培った団体行動力は今の警察という組織でも大きく役立っています」（京都府警）「「有事即応態勢」で心身を常に準備！　体育会で鍛えた精神力は誰にも負けない」（広島県警）。

消防官採用の上位校は国士舘大１１５人、帝京大58人、日本大56人、帝京平成大48人、日本体育大44人となっている（２０２２年）。国士舘大は8年連続の1位となった。大学は、消防官に多く送り出していることについて、こう説明する。「消防官は主に体育学部の実践的かつ専門的なカリキュラムによって、警察官は法学部や政経学部を中心に、国士舘大学の伝

警察官採用（2022 年）

100 人以上、140 人未満
国士舘大、日本大
50 人以上、100 人未満
帝京大、東海大、日本文化大、神奈川大、龍谷大、関西大、近畿大、環太平洋大
20 人以上、50 人未満
北海学園大、仙台大、東北学院大、駿河台大、国学院大、駒澤大、専修大、大東文化大、拓殖大、東洋大、日本体育大、法政大、立正大、関東学院大、山梨学院大、朝日大、常葉大、愛知大、愛知学院大、中京大、名古屋学院大、名城大、京都産業大、同志社大、立命館大、大阪経済法科大、摂南大、関西学院大、神戸学院大、天理大、広島修道大、松山大、久留米大、福岡大
12 人以上、20 人未満
北海道教育大、流通経済大、白鷗大、獨協大、平成国際大、清和大、中央学院大、中央大、帝京平成大、東京経済大、東京農業大、明治大、金沢学院大、中部大、南山大、びわこ成蹊スポーツ大、佛教大、追手門学院大、大阪学院大、大阪経済大、大阪体育大、関西外国語大、桃山学院大、甲南大、帝塚山大、香川大、九州共立大

大学通信の資料をもとに作成

統的な教育理念によって、数多くの消防官・警察官を輩出する大学として多くの学生、保護者の方に期待されています」(同校ウェブサイト)。

自衛官採用者の上位校は日本大34人、東海大29人、帝京大27人、立命館大21人、国士舘大19人、近畿大18人だった(2022年)。関東や関西の学生数1万人を超える大規模私立大学が並ぶなか、3000人の札幌大が入っているのは地域性とみることができる。北海道には陸上自衛隊の駐屯地、海上自衛隊や航空自衛隊の基地があり、「国防」と身近だからだろう。同じ理由は自衛隊駐屯地、基地を多くかかえる九州にも言える。北九州市立大、九州国際大、九州産業大、久留米大、熊本大などから自衛官が輩出している。

武蔵野音楽大から9人が入隊している。これは音楽隊へ進む者が多いからだ。同大学には幹部自衛官が1年間、指揮や作曲などの教育を受ける研修制度がある。また卒業生には音楽隊隊長、班長など指導者をたくさん出している。自衛隊の音楽隊はレベルが高い。武蔵野音楽大はこんなツイートをしている。「本学学生就職支援として「#自衛隊音楽隊募集説明会」を開催しました。本学を卒業し、憧れの制服を着て活躍されている先輩からもお話を聞くことができ、進路を選択する上で貴重な時間となりました」(2018年6月)。

警察官、消防官、自衛官になりたい。その動機の一つとして、2011年の東日本大震災

消防官採用（2022 年）

110 人以上、120 人未満
国士舘大
20 人以上、60 人未満
杏林大、帝京大、帝京平成大、日本体育大、日本大、新潟医療福祉大、中部大、京都橘大、関西大
10 人以上、20 人未満
流通経済大、千葉科学大、専修大、大東文化大、東海大、東洋大、神奈川大、東海学院大、愛知大、愛知学院大、中京大、京都産業大、龍谷大、大阪体育大、関西学院大、神戸学院大、環太平洋大、広島修道大、福岡大
5 人以上、10 人未満
北海道教育大、釧路公立大、北星学園大、北海学園大、仙台大、東北学院大、白鷗大、獨協大、平成国際大、中央学院大、亜細亜大、国学院大、駒澤大、順天堂大、中央大、東京経済大、法政大、関東学院大、山梨学院大、岐阜協立大、常葉大、愛知淑徳大、至学館大、東海学園大、名古屋学院大、南山大、名城大、びわこ成蹊スポーツ大、立命館大、大阪経済大、大阪経済法科大、摂南大、桃山学院大、甲南大、天理大、広島経済大、松山大、北九州市立大、久留米大、西南学院大

大学通信の資料をもとに作成

における警察や自衛隊の救助活動を知ったからということがある。高校生が卒業後すぐに警察に就職せず、大学に入って法律や政治のあり方を学ぶという考え方だ。大学もそのことをよくわかっている。千葉科学大、日本大、倉敷芸術科学大には危機管理学部があり、警察官、消防官の養成を掲げている。なかでも日本大危機管理学部は2016年に設置された際、「社会の安全を脅かすあらゆるリスクを研究対象」と謳っており、専任教員には埼玉県警察本部長、山梨県警察本部長、内閣情報調査室内閣参事官、公安調査庁調査第二部第二課長などを並べた。しかし、日本大では元理事長が逮捕、起訴され、「自分の大学の危機管理は大丈夫?」と揶揄《やゆ》されることがあった。それを乗り越えて危機管理教育を打ち出し、警察に強い学部を今後も訴えていくようだ。

教員（幼稚園、小中学校、高校）

子供が大好きな高校生にすれば、幼稚園や保育所で子供たちの面倒を見てあげたい。お世話をしたい。そのためには保育士あるいは幼稚園教員にならなければならないが、両者の違いは案外、わかりにくい。浦和大は幼児教育を専門として、ウェブサイトでていねいに説明している。

自衛官採用（2022 年）

20人以上、30人未満
帝京大、東海大、日本大、立命館大
12人以上、20人未満
東北学院大、国士舘大、東洋大、日本体育大、山梨学院大、愛知学院大、中京大、龍谷大、関西外国語大、近畿大、神戸学院大、福岡大
9〜11人
東京国際大、駒澤大、専修大、大東文化大、中央大、東京農業大、日本文化大、法政大、武蔵野音楽大、明治大、立正大、早稲田大、神奈川大、関東学院大、中部大、名古屋学院大、びわこ成蹊スポーツ大、大阪経済法科大、関西大、関西学院大、天理大、環太平洋大、広島修道大、九州共立大、九州産業大
6〜8人
札幌大、八戸学院大、ノースアジア大、流通経済大、白鷗大、千葉商科大、慶應義塾大、国学院大、聖心女子大、東京音楽大、東京工科大、東京女子体育大、桐蔭横浜大、常葉大、愛知大、南山大、名城大、京都産業大、京都先端科学大、大阪学院大、大阪産業大、大阪電気通信大、広島経済大、徳山大、北九州市立大、九州国際大、久留米大、熊本大

大学通信の資料をもとに作成

「保育士が乳児（1歳未満）から就学前の幼児、または18歳未満の少年を対象とするのに対し、幼稚園教員は、満3歳から就学前の幼児を対象としています。原則1日8～11時間保育を行う保育園に対し、幼稚園は、1日4時間を標準として子どもを預かる点でも、その差は歴然です。幼稚園では、小学校や中学校と同様に夏休みや冬休みを設けている場合が多く一方、保育所ではほぼ1年を通して保育が行われます」。

幼稚園教員と保育士は、いずれも特定の大学の専攻・課程を卒業すれば免許や資格を取得することができるが、前者は免許の更新が必要、後者は一生使える資格であるなどの違いがある。幼稚園教員と保育士を比べると、保育士のほうが就職者数は多い。

幼稚園教員採用者の上位校は東京家政大72人、十文字学園女子大67人、聖徳大64人、鎌倉女子大63人、京都女子大47人となっている（2022年）。

聖徳大は1990年開学した。その起源は1965年に開設した聖徳学園短期大である。1980年代、同短大は首都圏ではかなりのマンモス校と知られていた。当時、短大の保育科の定員が1学年600人を数えている。2020年代の定員は350人となった。短大から差し引かれた分の250人を、聖徳大児童学部が引き継いだ形となり、同学部の定員は250人プラス350人で600人となった。4年制大学で幼稚園教員、保育士を養成する学

幼稚園教員採用（2022 年）

60 人以上、80 人未満

十文字学園女子大、聖徳大、東京家政大、鎌倉女子大

30 人以上、60 人未満

玉川大、帝京平成大、目白大、常葉大、金城学院大、京都女子大、神戸親和女子大

20 人以上、30 人未満

藤女子大、共立女子大、昭和女子大、東京未来大、文京学院大、東洋英和女学院大、大阪成蹊大、関西福祉大、関西学院大、甲南女子大、武庫川女子大、筑紫女学園大、中村学園大

16 人以上、20 人未満

日本女子大、創価大、東京都市大、武蔵野大、中部大、名古屋女子大、国学院大、白百合女子大、帝京科学大、明治学院大、愛知淑徳大、佛教大、福岡女学院大、東北文教大、桜花学園大、椙山女学園大、大谷大、梅花女子大

11 人以上、16 人未満

北海道文教大、こども教育宝仙大、名古屋学芸大、川村学園女子大、日本体育大、帝塚山大、尚絅学院大、明星大、田園調布学園大、関西国際大、長崎純心大、大妻女子大、相模女子大、岡崎女子大、京都橘大、仙台大、宮城学院女子大、白梅学園大、文教大、関東学院大、同志社女子大、園田学園女子大、梅光学院大

大学通信の資料をもとに作成

部としては、もっとも規模が大きい。大学はかつてこう誇っていた。「幼児教育系はほぼ100%が学校推薦。企業への就職も約8割が学校求人です。信頼のできる園・施設・企業を紹介していますので、内定した場合は安心して就職できます」（同校ウェブサイト）。

保育士採用の上位校は、東京家政大219人、桜花学園大144人、聖徳大137人、白梅学園大101人、名古屋女子大96人となっている（2022年）。

幼稚園教員、保育士採用の上位校には、1990年以降につくられた大学が多い。聖徳大（千葉）、十文字学園女子大（埼玉）、東京成徳大、白梅学園大、東京福祉大、目白大（以上、東京）、名古屋学芸大、桜花学園大（以上、愛知）など。最近では2005年に白梅学園大、07年に東京未来大、09年に教育宝仙大、12年には横浜創英大が生まれた。

これらは全国的な知名度は低い。しかし、前身の短大、専門学校だった時代、幼児教育では地元から大きな信頼を得て、地域の幼稚園と保育施設に幅広いネットワークを築きあげた。それゆえ、毎年、特定の大学の採用枠を設けている施設があり、求人はたくさん集まっている。

こうしたなか、保育士採用1位校の東京家政大は1949年に新制大学誕生とともに開学し、古い歴史を持つ。家政学部児童学科、児童教育学科、子ども学部子ども支援学科と、幼

保育士採用（2022年）

210人以上、220人未満
東京家政大

100人以上、140人未満
桜花学園大、白梅学園大、聖徳大

60人以上、100人未満
十文字学園女子大、帝京科学大、東京未来大、文京学院大、鎌倉女子大、常葉大、名古屋学芸大、名古屋女子大

40人以上、60人未満
茨城キリスト教大、文教大、植草学園大、大妻女子大、国学院大、こども教育宝仙大、玉川大、東京都市大、東洋大、武蔵野大、目白大、相模女子大、岡崎女子大、金城学院大、中部大、日本福祉大、皇学館大、京都女子大、大阪樟蔭女子大、大阪成蹊大、武庫川女子大、安田女子大、筑紫女学園大、長崎純心大

30人以上、40人未満
藤女子大、盛岡大、尚絅学院大、宮城学院女子大、白鷗大、浦和大、淑徳大、和洋女子大、帝京大、帝京平成大、日本体育大、立正大、関東学院大、田園調布学園大、東洋英和女学院大、長野県立大、愛知淑徳大、東海学園大、大谷大、京都橘大、大阪総合保育大、甲南女子大、神戸女子大、神戸親和女子大、ノートルダム清心女子大、広島文教大、四国大、中村学園大、熊本学園大

大学通信の資料をもとに作成

児教育では規模が大きい。同大学に似た名称の東京家政学院大は1966年に誕生した。幼児教育では老舗といっていい。東京家政大とはまったく関係はない。鎌倉女子大も古い。前身の京浜女子大学が短大とともに1959年に作られており、横浜、湘南《しょうなん》、横須賀地方に幼稚園教員を送り出した。

小学校の教員養成といえばかつては国立大学教育学部の独壇場だった。採用試験は難関であり厳しい競争を勝ち抜かなければならない。上位校は教員養成系に特化した教育大学が占めていた。採用実績は、愛知教育大309人、福岡教育大300人、北海道教育大252人、文教大251人、玉川大222人となっている（2022年）。

1990年代以降、私立大学からの採用者が少しずつ増え始めた。2010年代になると、小学校教員で、地元の国立大学教育学部より採用される人数が多い私立大学が出てくる。埼玉の文教大251人＞埼玉大129人、岐阜の岐阜聖徳学園大217人＞岐阜大99人、三重の皇学館大108人＞三重大69人、奈良の畿央大90人＞奈良教育大63人、兵庫の武庫川女子大89人＞兵庫教育大81人などとなっている（2022年）。

私立と国立の逆転現象が起こった背景には、さまざまな要因がある。一つには、国立大学教育学部の学生が教員志望をやめて他業種に進路を求めたことがある。教員という仕事が大

小学校教員採用（2022 年）

300 人以上、310 人未満
愛知教育大、福岡教育大
200 人以上、260 人未満
北海道教育大、文教大、東京学芸大、玉川大、岐阜聖徳学園大、大阪教育大
100 人以上、170 人未満
宮城教育大、白鷗大、埼玉大、千葉大、帝京大、明星大、都留文科大、静岡大、愛知淑徳大、皇学館大、四天王寺大、広島大、中村学園大、長崎大
80 人以上、100 人未満
茨城大、秀明大、国学院大、国士舘大、日本体育大、武蔵野大、横浜国立大、鎌倉女子大、上越教育大、岐阜大、常葉大、京都教育大、大和大、兵庫教育大、関西学院大、武庫川女子大、畿央大、岡山大、環太平洋大、熊本大、大分大
60 人以上、80 人未満
宇都宮大、群馬大、共栄大、東京家政大、新潟大、福井大、信州大、椙山女学園大、東海学園大、三重大、滋賀大、京都女子大、佛教大、大阪体育大、神戸女子大、奈良教育大、和歌山大、広島文教大、山口大、香川大、愛媛大、筑紫女学園大、鹿児島大

大学通信の資料をもとに作成

変きつく「ブラック職場」的に受け止められたようだ。長時間労働で、いじめ、不登校、モンスターペアレンツなどへの対応に追われ激務というイメージが持たれており、実際、教員採用試験受験者は減少している。2019年度の教員採用試験で、公立小学校教員の倍率が全国平均で過去最低の2・8倍となったのだ。2倍を切る自治体が12道県・政令指定都市（新潟県1・2倍、福岡県1・3倍、佐賀県1・6倍など）もある。兵庫教育大の川上泰彦《やすひこ》准教授が話す。「教職は勤務の負荷が重く、給与、福利厚生が他業種に負け始めている印象がある。倍率低下の原因に民間企業への就職が好調なことが挙げられるが、このままでは大量採用が落ち着いたとしても、事態は改善しないだろう」（「朝日新聞デジタル」2019年12月23日）。

倍率が低くても優秀な教員が集まればいいが、各自治体の教育委員会では新人教員の質を危ぶむ声が出ている。

一方で、私立大学では2010年代以降、教育系学部が増え、指導も熱心に行っている。地元の教育委員会にもネットワークを築いており、教員に採用される者は増えている。

また、小学校で英語教育が本格的に行われることへの対応として、私立大学はこの分野で力を入れ始めた。関西外国語大学英語キャリア学部英語キャリア学科には小学校教員コース、

中学校教員採用（2022 年）

130 人以上、150 人未満
北海道教育大、日本大、愛知教育大
80 人以上、130 人未満
文教大、玉川大、日本体育大、大阪教育大、大阪体育大
60 人以上、80 人未満
茨城大、秀明大、東京学芸大、東海大、明星大、新潟大、信州大、岐阜大、静岡大、岡山理科大、福岡教育大、福岡大
50 人以上、60 人未満
宮城教育大、群馬大、埼玉大、千葉大、国士舘大、岐阜聖徳学園大、常葉大、中京大、京都教育大、立命館大、関西大、近畿大、大和大、関西学院大、奈良教育大、岡山大、広島大、山口大、熊本大、鹿児島大
30 人以上、50 人未満
福島大、白鷗大、埼玉大、国学院大、国士舘大、大東文化大、中央大、東京家政大、東洋大、二松学舎大、横浜国立大、金沢大、三重大、皇学館大、滋賀大、京都教育大、佛教大、立命館大、龍谷大、関西大、四天王寺大、大和大、関西学院大、武庫川女子大、奈良教育大、天理大、島根大、山口大、愛媛大、鹿児島大

大学通信の資料をもとに作成

桃山学院教育大人間教育学部人間教育学科には小学校教育課程のなかに英語教育コースがある。

中学校、高校の教員は、専門教科ごとの採用となる。したがって、その専門教育を得意とする、そして伝統がある大学が上位にくる。

国語（現代文、古文、漢文）は国学院大、二松学舎大、大東文化大。数学は東京理科大。理科は東京理科大、岡山理科大、東京農業大。英語は神田外語大、名古屋外国語大、関西外国語大、京都外国語大。美術は女子美術大。体育は日本体育大、大阪体育大など。日本大、早稲田大は主要5教科（国語、数学、理科、社会、英語）を教える免許が取れる人文・社会系、自然科学系学部がそろっているため、英語、国語、社会、数学、理科と幅広い。

特別支援学校教員採用の上位校は淑徳大42人、日本体育大38人、福岡教育大35人、大阪教育大25人、日本福祉大22人、群馬大21人、大阪体育大21人となっている（2022年）。福祉学科、体育学科で特別支援学校教諭一種免許を取得できる大学が多いことによる。

高校教員採用（2022 年）

100 人以上、150 人未満

日本大、広島大

60 人以上、100 人未満

東京学芸大、東京理科大、早稲田大、日本体育大

40 人以上、60 人未満

茨城大、筑波大、文教大、千葉大、玉川大、東海大、愛知教育大、大阪体育大、近畿大、関西学院大、岡山大、福岡大

30 人以上、40 人未満

北海道教育大、埼玉大、国士舘大、東京農業大、法政大、明治大、横浜国立大、静岡大、中京大、名城大、京都教育大、同志社大、関西大、天理大、山口大、九州大

18 人以上、30 人未満

東北大、宮城教育大、東北学院大、宇都宮大、日本工業大、和洋女子大、青山学院大、国学院大、駒澤大、順天堂大、専修大、大東文化大、中央大、東京女子体育大、東洋大、二松学舎大、立教大、新潟大、金沢大、都留文科大、信州大、岐阜大、南山大、三重大、立命館大、龍谷大、関西外国語大、島根大、福岡教育大、九州共立大、長崎大、熊本大、鹿児島大、琉球大

大学通信の資料をもとに作成

中高一貫校教員採用（2022年）

20人以上、30人未満

明治大、広島大

10人以上、20人未満

国学院大、中央大、同志社大、立命館大、大阪教育大

4人以上、10人未満

茨城大、埼玉大、東京外国語大、学習院大、順天堂大、日本女子体育大、フェリス女学院大、京都外国語大、関西福祉大、関西学院大、武庫川女子大、奈良教育大

特別支援学校教員採用（2022年）

30人以上、50人未満

淑徳大、日本体育大、福岡教育大

20人以上、30人未満

宮城教育大、群馬大、東京学芸大、順天堂大、日本福祉大、大阪教育大、大阪体育大

10人以上、20人未満

北海道教育大、札幌大、北翔大、仙台大、秋田大、茨城大、筑波大、茨城キリスト教大、埼玉大、十文字学園女子大、文教大、千葉大、植草学園大、帝京大、東京家政大、東洋大、明治学院大、立正大、鎌倉女子大、金沢大、信州大、岐阜大、静岡大、愛知教育大、京都教育大、佛教大、関西国際大、神戸親和女子大、岡山大、広島大、山口大、中村学園大、長崎大、熊本大、鹿児島国際大

大学通信の資料をもとに作成

第4章　資格試験の合格率と大学との関係——進路②

司法試験、公認会計士、弁理士

たいへん残念なことだが、いま、司法試験に合格者を出す大学はきわめて限られている。2004年法科大学院制度が誕生し、最盛期には74校あった。しかし、2022年40校が募集停止となっている。残った34校のうち司法試験合格者数が多い法科大学院を並べると、国家公務員総合職試験合格者上位校や入試難易度に近いものができあがってしまう。

司法試験の合格率は2022年で45・5%だった。東京大、一橋大、慶應義塾大、京都大、大阪大が合格率5割前後を推移しており、なかでも一橋大は18年59・0%→19年55・63%→20年70・59%→21年58・18%→22年60・0%と高い水準を維持している。

一橋大法科大学院の仮屋広郷《ひろさと》教授はこう話す。「特別な教材や設備があるわけではなく、秘訣《ひけつ》といえば、互いに学び合う風土」(「朝日新聞 EduA」2019年5月15日)。ゼミを中心とした少人数教育の校風や、弁護士を中心とした大学出身者によるサポートが好結果を生んだ。

一方で合格率がふるわないのが、かつて司法試験に実績があった私立大学で、中央大26・1

8％、明治大18・6％、上智大13・33％はかなり厳しい。

2021年の司法試験最年少合格者は慶應義塾大法学部の男子学生で18歳3カ月（受験時）で合格を果たした。慶應義塾高校3年のときに予備試験に受かり、大学に入学して合格している（予備試験の合格率は4％。合格者は法科大学院修了が免除され司法試験を受験できる）。

公認会計士試験合格者数は慶應義塾大が1975年から2022年まで48年連続1位となっている。同校では1980年商学部に会計研究室を設置した。「ガイダンス、講演会、監査法人見学会等、種々の啓蒙《けいもう》的なイベントを企画・実施し、学部・学年を問わず、広く門戸を開いたサポートを行っています」（公認会計士三田会ウェブサイト、2022年1月13日）。

弁理士とは発明や商品名などの権利である特許権、意匠権、商標権、著作権などの出願手続きの代理業務、そして取り消しや無効とするための審査請求手続き、異義申立ての手続きの代理業務を行っている。大学にとってはなじみが深く、ノーベル賞クラスの研究成果をどう守るか、弁理士の腕にかかっている。弁理士試験には論文式があり、次の6つから選択する。①理工Ⅰ（機械・応用力学）、②理工Ⅱ（数学・物理）、③理工Ⅲ（化学）、④理工Ⅳ（生物）、⑤理工Ⅴ（情報）、⑥法律（弁理士の業務に関する法律）。理系分野が揃《そろ》っているのが大きな特徴だ。弁理士試験合格者上位校に東京工業大、東京理科大、電気通信大、大阪工業大

司法試験合格者（2022 年）

100 人以上、120 人未満

東京大、慶應義塾大、早稲田大、京都大

50 人以上、70 人未満

一橋大、中央大、大阪大、神戸大

10 人以上、30 人未満

北海道大、東北大、筑波大、千葉大、東京都立大、創価大、日本大、法政大、明治大、名古屋大、同志社大、立命館大、大阪市立大、関西大、九州大

4 人以上、10 人未満

学習院大、駒澤大、上智大、専修大、南山大、関西学院大、甲南大、岡山大、広島大、西南学院大、福岡大、琉球大

司法試験合格率（2022 年）

60% 以上、70% 未満

東京大、一橋大、京都大

50% 以上、60% 未満

東北大、慶應義塾大

30% 以上、50% 未満

筑波大、創価大、日本大、早稲田大、南山大、同志社大、大阪大、大阪市立大、神戸大、岡山大、九州大

20% 以上、30% 未満

北海道大、千葉大、東京都立大、駒澤大、専修大、中央大、法政大、名古屋大、立命館大、関西大、関西学院大、甲南大、琉球大

法務省の資料をもとに作成。合格率は合格者 10 人以上

などがあがってくるのは、理系に強い学生が志望するからである。

一級建築士、技術士

一級建築士に任される仕事の特徴は小さな戸建住宅からオリンピック競技場まで、「設計する建物に制限がない」ことである。国立競技場の隈《くま》研吾、東京都庁の黒川紀章などが有名だ。日本大がもっとも多い。理工、工、生産工の3学部には建築系学科があるからだ。定員は理工学部建築学科250人、工学部建築学科180人、生産工学部建築工学科198人で合わせて628人という大所帯だ。2021年、理工学部建築学科の主な就職先には大手の建築会社、住宅メーカーが並ぶ。清水建設8人、奥村組4人、五洋建設5人、フジタ3人、大林組2人、竹中工務店1人、大成建設1人、鹿島建設1人、熊谷組1人、三井ホーム4人、積水ハウス7人などだ。

最近、一級建築士国家試験で武庫川女子大、日本女子大が健闘している。2020年、武庫川女子大建築学部（建築学科45人、景観建築学科40人）の前身は2006年開設の生活環境学部建築学科であり、このころから建築家養成を掲げていた。教育内容について大学はこう胸を張る。「1学年定員45人を3人の教員が担当し、教員が各学生の製図机をまわって一対

公認会計士国家試験合格者（2022 年）

100 人以上、190 人未満
慶應義塾大、早稲田大
50 人以上、90 人未満
中央大、明治大、東京大、立命館大、神戸大
30 人以上、50 人未満
一橋大、京都大、同志社大

公認会計士三田会の資料をもとに作成

弁理士国家試験合格者（2022 年）

20 人以上、30 人未満
東京大
10 人以上、20 人未満
東京工業大、京都大
5 人以上、10 人未満
東北大、筑波大、東京理科大、早稲田大、名古屋大、大阪大、神戸大
3、4 人
埼玉大、電気通信大、青山学院大、慶應義塾大、中央大、日本大、明治大、横浜国立大、静岡大、立命館大、大阪工業大、関西大、広島大
2 人
北海道大、東京海洋大、上智大、東京薬科大、東洋大、新潟大、同志社大、関西学院大、岡山大、九州大

特許庁の資料をもとに作成

一のきめ細かい指導を行います。また、演習に必要な材料のほとんどが大学から支給されます」（同校ウェブサイト）。

日本女子大は、２０２４年４月に「建築デザイン学部（仮称）」の設置を計画している。これまで国家試験に合格者を出していた日本女子大家政学部住居学科が学部に発展する形だ。

女子大で一級建築士を目指すことができるのは、昭和女子大環境デザイン学部環境デザイン学科、京都女子大家政学部生活造形学科、奈良女子大工学部工学科環境デザイン分野がある。

技術士について文部科学省はこう定義する。

「科学技術に関する技術的専門知識と高等の専門的応用能力及び豊富な実務経験を有し、公益を確保するため、高い技術者倫理を備えた、優れた技術者」。

お役所言葉ゆえわかりにくいので、すこしくだけた言い方をすれば、たとえば、技術コンサルタントとして建築に関する計画、研究、設計、分析、試験、評価に関する指導を行っている。建設会社の技術開発や研究を担当する部門で専門知識を活かせる。最近では、コンサルタントとして独立するケースも増えた。

工学系で幅広く活躍できるのは、技術士試験において、21の技術部門の専門知識が試され

一級建築士国家試験合格者（2022 年）

120 人以上、150 人未満

東京理科大、日本大

60 人以上、100 人未満

工学院大、芝浦工業大、明治大、早稲田大、近畿大

30 人以上、60 人未満

千葉大、東京都立大、東京電機大、東京都市大、法政大、横浜国立大、金沢工業大、名古屋工業大、名城大、三重大、京都大、京都工芸繊維大、大阪市立大、大阪工業大、関西大、神戸大、九州大、熊本大

10 人以上、30 人未満

北海道大、室蘭工業大、北海道科学大、東北大、宮城大、東北工業大、秋田県立大、宇都宮大、前橋工科大、日本工業大、千葉工業大、東京大、東京工業大、慶應義塾大、東海大、東洋大、日本女子大、武蔵野美術大、神奈川大、関東学院大、新潟大、福井大、信州大、豊橋技術科学大、名古屋大、名古屋市立大、愛知工業大、愛知産業大、中部大、滋賀県立大、京都芸術大、立命館大、大阪大、摂南大、神戸芸術工科大、武庫川女子大、奈良女子大、広島大、広島工業大、山口大、九州工業大、福岡大、大分大、鹿児島大、琉球大

国土交通省の資料をもとに作成

るからだ。機械、船舶・海洋、航空・宇宙、電気電子、化学、繊維、資源工学、建設、上下水道、衛生工学、農業、森林、環境、原子力・放射線などである。

各大学工学部で技術士試験対策に力を入れている。東京都市大はこう伝える。「技術士は、科学技術の応用面に携わる技術者にとって最も権威ある資格（文科省HPより）であり、本学では、東京都市大学柏門《はくもん》技術士会や校友会の協力を得て、在学生へ「技術士第一次試験」の受験を奨励しています」（同校ウェブサイト）。

国税専門官、裁判所職員

国税専門官とは、国の財源となる税金を賦課《ふか》・徴収する業務を行っており、国税調査官、国税徴収官、国税査察官に分かれる。

国税調査官は税の申告が適正に行われているかどうかを調査し、申告について指導を行う。国税徴収官は納付期限を過ぎている税金の督促、滞納処分など、納税のために指導する。国税査察官はマルサと呼ばれ国税専門官のなかでもっとも知名度が高い。裁判官からの許可状をもとに、脱税者への捜索や差押えといった強制調査を行い検察官に告発する業務を担当している。映画やテレビドラマでかっこよく描かれるが、実際にはかなり地道な調査、摘発を

技術士国家試験合格者（2022年）

100人以上、110人未満

九州大

80人以上、100人未満

北海道大、東京大、日本大、京都大

50人以上、80人未満

東北大、東京工業大、早稲田大

30人以上、50人未満

岩手大、筑波大、千葉大、中央大、東京理科大、新潟大、金沢大、山梨大、信州大、岐阜大、名古屋大、立命館大、関西大、神戸大、鳥取大、広島大、山口大、徳島大、熊本大

20人以上、30人未満

室蘭工業大、茨城大、東京都立大、芝浦工業大、東海大、東京都市大、横浜国立大、名古屋工業大、大阪市立大、大阪工業大、近畿大、岡山大、愛媛大、福岡大、長崎大

10人以上、20人未満

北見工業大、北海学園大、秋田大、宇都宮大、埼玉大、東京農工大、東京電機大、東京農業大、東洋大、法政大、明治大、長岡技術科学大、名城大、三重大、大阪府立大、島根大、九州工業大、佐賀大、宮崎大、鹿児島大、琉球大

日本技術士会の資料をもとに作成

行っている。

名古屋国税局調査部調査管理課に勤務する荒川明大さんについて、出身校の愛知大のウェブサイトでこう紹介されている。

「荒川さんは、「税金を正しく納めている方々が不公平感を抱かないようにするという使命感が、自分の背中を押してくれている」と話す。国民から見られているという意識がプライドに繋《つな》がり、日々仕事に打ち込むことができる。また、日々変わり続ける経済情勢に対して向上心を忘れずに向き合い、常に学ぶ姿勢を忘れずに仕事に励んでいると話していた」(2019年12月)。

裁判所職員は、事務官と書記官に分かれる。

事務官は裁判の円滑な進行をサポートする業務に従事する。裁判所は裁判部門(裁判部)、司法行政部門(事務局)に分かれる。裁判部に所属する事務官は、裁判に必要な手続きや進行をサポートする。ここでは事件に関する調書作成や判例・法令などの調査を行う「裁判所書記官」の補佐役という位置づけとなる。事務局に所属する事務官は人事・会計・庶務などの事務を行う。

書記官は「法律の専門家」として、法廷で裁判に立ち会って調書を作成し、裁判官と協力

国税専門官採用（2022 年）

30 人以上、40 人未満
専修大、中央大、中京大、立命館大
20 人以上、30 人未満
関西大、同志社大、関西学院大
10 人以上、20 人未満
北海学園大、高崎経済大、学習院大、東洋大、法政大、明治大、早稲田大、神奈川大、新潟大、静岡大、愛知大、京都産業大、龍谷大、近畿大、香川大、北九州市立大
5 人以上、10 人未満
北星学園大、東北学院大、獨協大、青山学院大、国学院大、駒澤大、帝京大、武蔵野大、明治学院大、立正大、富山大、金沢大、都留文科大、南山大、名城大、滋賀大、大阪市立大、甲南大、神戸学院大、広島大、愛媛大、松山大、西南学院大、長崎大、鹿児島大、琉球大

裁判所一般職採用（2022 年）

10 人以上、20 人未満
東北大、中央大、立命館大、同志社大
3 人以上、10 人未満
北海学園大、明治大、立教大、早稲田大、新潟大、金沢大、静岡大、大阪市立大、関西大、関西学院大、広島大、徳島大、香川大、西南学院大

大学通信の資料をもとに作成

して裁判の進行を管理する。訴訟費用の確定や支払督促の発付など、裁判所事務官にはない固有の権限も与えられている。刑事部では裁判員裁判を担当することがある。

裁判官職員には法学部、法科大学院出身者が多い。

2021年の総合職試験（大卒程度区分）の受験者は310人、合格者9人（女性4人）、一般職試験の受験生7802人、合格者は1080人（女性602人）。裁判所職員は男女のバランスが良い。

東京地方裁判所民事部の裁判官事務官である京都大法学部出身の女性は、次のように話す。「私は、裁判を受けた人が、望ましくはなかったとしても「公平に判断をされた結果だ」と納得できるようにサポートしたいと思って仕事をしています。例えば、裁判所では専門的な手続きが多くあります。それに戸惑って自分の言いたいことが言えなかったというような不完全燃焼を引き起こさないように、必要な手続きについて丁寧に、わかりやすい言葉で説明するようにしています」（四谷学院ウェブサイト）。

第5章 「命を守る仕事」をする上手な方法——進路③

医師、歯科医、薬剤師、獣医師

医師国家試験の平均合格率は91・4％である。こうしたなか自治医科大の合格率は際立っており、10年連続トップを続けている。第1期卒業生が受験した1978年から2022年までの44年間、医師国家試験で全国トップの合格率が22回を数える。2013年から22年までの合格率推移は99・1％→99・1％→99・1％→99・1％→100％→99・2％→99・2％→100％→100％→100％。不合格者が出ても1人か2人だ。自治医科大は卒業後、出身都道府県が指定する病院への勤務が9年間義務づけられることもあって、医療に対する熱意が強いからだろう。同大医学教育センター長で内科医の岡崎仁昭《ひとあき》教授は話す。

「へき地に最新の設備はない。検査に頼らずとも正しく診断できるように、医療面接や身体所見を大事にするよう口酸っぱく教育しています。患者さんの訴えをしっかりと聞く臨床医として地域で活躍してほしい」（朝日新聞「Edua」2019年10月30日）。

大学の入試難易度と国家試験合格率に因果関係はない。医学部最難関とされる東京大91・

1%、京都大89・7%となっている（2021年）。平均合格率より低いゆえ、たまに取り沙汰される。その理由は医学知識の修得が不得手などと言われる。

医師、歯科医師国家試験は大学を卒業しなければ受験することはできない。そこで、いくつかの大学が、国家試験に合格できる水準にない学生を卒業させないというケースがある。合格できそうな優秀な学生だけを受験させたい。これは国家試験合格率を高く見せるためだ。こうなると、留年する学生が増えてしまう。2023年、メディアはこの実態を伝え、「留年商法」などと伝えた。留年させて授業料を得られるという意味だ。この問題に関連して、「週刊文春」は朝日大と鶴見大、東京新聞は日本大松戸歯学部の「大量留年」について取り上げている。朝日大は取材にこう答えている。「本学の卒業試験に合格すれば、全員が国家試験にも合格するように教育の精度管理を行っていく方針を示しました。もしも誤解をされた方がいらっしゃるようであれば、再度、丁寧に説明責任を果たして参ります」（「文春オンライン」23年4月1日）。

薬学部においても、合格率の低下を防ぐため、国家試験に向けて十分に準備していない学生を受験させないところがある。それはその大学の1学年学生数と国家試験受験者数がかけ離れていれば、受験者数をコントロールしているといっていい。それは合格率の低さが大学

医師国家試験合格率（2022年）

100%

自治医科大

96%以上、100%未満

東北大、東北医科薬科大、秋田大、筑波大、千葉大、東京医科歯科大、慶應義塾大、順天堂大、東京慈恵会医科大、横浜市立大、浜松医科大、名古屋市立大、大阪市立大、近畿大、兵庫医科大

92%以上、96%未満

福島県立医科大、獨協医科大、群馬大、埼玉医科大、昭和大、東京医科大、日本医科大、北里大、新潟大、福井大、山梨大、信州大、岐阜大、名古屋大、藤田医科大、三重大、滋賀医科大、大阪大、大阪医科薬科大、関西医科大、奈良県立医科大、和歌山県立医科大、山口大、徳島大、愛媛大、産業医科大、福岡大、佐賀大、熊本大、大分大

90%以上、92%未満

旭川医科大、北海道大、岩手医科大、杏林大、日本大、聖マリアンナ医科大、愛知医科大、京都府立医科大、神戸大、島根大、岡山大、川崎医科大、広島大、香川大、長崎大、琉球大

歯科医師国家試験合格率（2022年）

90%以上

東京歯科大

80%以上、90%未満

昭和大、日本歯科大［新潟生命歯］、大阪大、岡山大

60%以上、80%未満

北海道大、北海道医療大、東北大、東京医科歯科大、日本歯科大［生命歯］、神奈川歯科大、新潟大、松本歯科大、広島大、徳島大、九州大、九州歯科大、長崎大、鹿児島大

厚生労働省の資料をもとに作成

そのものへの評価に関わってしまうからだ。2022年の国家試験合格率30％台は5校、40％台は8校ある。残念ながらこれらの大学の多くは入学定員割れを起こしている。

2000年代、薬学部が急増した時期がある。少子化対策で薬学部を作ったものの、それほど学生が集まらなかったということだ。

2021年、大阪医科大、大阪薬科大が統合し大阪医科薬科大が誕生している。薬学部の再編の動きは進むかもしれない。

看護師、保健師

看護学部（看護学科）バブルと言える。

看護師養成課程（学部、学科、専攻など）をもつ大学は1991年11校、2001年89校、11年194校、18年263校、20年289校（国立42、公立50、私立183）と右肩上がりを示している。入学定員でみると、1991年558人、2002年7006人、20年2万4888人となっており、ここ30年をふり返ると、すさまじい勢いで増えた。看護師養成課程を設置している大学は都道府県別で東京27、千葉18、大阪16、兵庫15、愛知15、福岡14、北海道13と続く（2020年）。

薬剤師国家試験合格者（2022年）

90%以上、100%未満
医療創生大、昭和大、金沢大、名城大、徳島大
80%以上、90%未満
北海道大、東北大、国際医療福祉大、千葉大、慶應義塾大、東京薬科大、東邦大、星薬科大、明治薬科大、北里大、岐阜薬科大、静岡県立大、京都大、京都薬科大、大阪大、大阪医科薬科大、近畿大、神戸薬科大、岡山大、広島大、九州大、熊本大
70%以上、80%未満
北海道科学大、東北医科薬科大、東京大、昭和薬科大、帝京大、東京理科大、日本大、武蔵野大、富山大、名古屋市立大、愛知学院大、同志社女子大、立命館大、摂南大、神戸学院大、福岡大、長崎大、崇城大、九州保健福祉大

獣医師国家試験合格率（2022年）

95%以上、100%未満
岐阜大、鳥取大
93%以上、95%未満
岩手大、東京農工大、日本大、日本獣医生命科学大、北里大、宮崎大
90%以上、93%未満
帯広畜産大、北海道大、酪農学園大、東京大、麻布大、大阪府立大、山口大、鹿児島大

厚生労働省の資料をもとに作成

なぜ、これほど看護学部（学科）が増えたのか。

医療現場では年々高いレベルが求められており、看護師にも高度な知識や技術が求められるようになった。これまで短大、専門学校での2年、3年という看護師養成期間では十分に知識や技術が身につかない。そこで四年制大学の看護学部でどんな高度な医療現場でも活躍できる看護の専門家をしっかり育てよう、という考え方が広まった。

少子化である。定員割れに悩む大学にすれば看護学部設置で学生が多く集まるという思惑もあり、各地で看護学部を作る動きが見られた。

しかし、安易な大学もあった。教員、施設、実習先が十分ではないのに見切り発車したところである。看護系の短大や専門学校からの転換ならば、これまでの教育実績や地域医療のネットワークが活かされ、学生は集まる。しかし、文系学部のみで医療とは縁がない大学が看護学部を作っても、学生は集まらない。そんなところがあった。教育、施設の評判が芳しくないからだ。また、学力が不十分な状態の学生を無理に受け入れたことで、看護師国家試験に受からないケースが出てきた。新設の看護学部のなかには国家試験合格率が短大や専門学校よりも低い大学もあった。こうした現状をよく知っている高校では、看護師志望の生徒に国家試験合格率8割以下の大学はすすめず、専門学校への進学を助言した。4年分の授業

看護師国家試験合格者（2022年）

190人以上、200人未満
順天堂大［医療看護］、東京医療保健大［東が丘看護］
140人以上、170人未満
聖隷クリストファー大、川崎医療福祉大、日本赤十字広島看護大
120人以上、140人未満
埼玉県立大、杏林大、聖路加国際大、帝京大［医療技術］、日本赤十字看護大、武蔵野大、北里大、岐阜医療科学大、日本赤十字豊田看護大、藤田医科大、大阪府立大、広島文化学園大、九州看護福祉大
100人以上、120人未満
札幌保健医療大、日本赤十字北海道看護大、北海道医療大、青森県立保健大、日本赤十字秋田看護大、国際医療福祉大［保健医療］、自治医科大、獨協医科大、高崎健康福祉大、東都大［ヒューマンケア］、日本保健医療大、国際医療福祉大［成田看護］、城西国際大、共立女子大、慶應義塾大、順天堂大［保健看護］、帝京平成大［ヒューマンケア］、東京医療保健大［医療保健］、東京医療保健大［千葉看護］、東京家政大、東京工科大、東邦大［看護］、目白大、横浜市立大、新潟医療福祉大、静岡県立大、愛知医科大、椙山女学園大、名古屋学芸大、四日市看護医療大、京都橘大、関西医療大、大和大、兵庫県立大、関西国際大、関西福祉大、甲南女子大、兵庫大、広島国際大、安田女子大、四国大、徳島文理大、久留米大、聖マリア学院大、日本赤十字九州国際看護大、福岡看護大、福岡女学院看護大、熊本保健科学大、宮崎県立看護大

厚生労働省の資料をもとに作成

料を支払っても看護師になれない大学では意味がない、という理由だ。

２０２２年、国家試験の合格率は看護師91・３％（新卒96・５％。）、保健師89・３％（同93・０％）、助産師99・４％（同99・７％）だった。畿央大、久留米大医学部看護学科、日本赤十字広島看護大、安田女子大などは看護師、保健師、助産師の３国家試験合格率１００％を掲げている。畿央大はこう自画自賛する。

「本学の学生はよく頑張って卒業生全員が合格をはたしてくれました。さらに助産学専攻科では設置以降10年連続１００％という快挙で、コロナ禍2年目でもしっかりと３つの資格で全員が合格をはたしてくれました。国家試験の合格を確実にしていくためにも、これからもすべての学生の夢をかなえるために、なお一層の支援強化をはかりたいと思います」（同校ウェブサイト２０２２年3月25日）。

社会福祉士、精神保健福祉士

大学の広報活動にとって国家試験合格実績のアピールは欠かすことができない。受験生に得意分野を知ってもらえるからだ。社会福祉士国家試験では、福祉系学部のある大学は好成績を競って伝えた（以下、２０２２年3、4月のウェブサイト）。

保健師国家試験合格者（2022 年）

100 人以上、130 人未満
自治医科大、順天堂大［医療看護、保健看護］
70 人以上、100 人未満
福島県立医科大、獨協医科大、千葉大、千葉県立保健医療大、新潟大、新潟県立看護大、富山大、石川県立看護大、長野県看護大、岐阜県立看護大、静岡県立大、三重県立看護大、関西医科大、兵庫県立大、鳥取大、山口大、高知県立大
40 人以上、70 人未満
山形大、山形県立保健医療大、茨城県立医療大、足利大、国際医療福祉大［保健医療］、群馬大、北里大、新潟医療福祉大、新潟青陵大、金沢大、山梨大、浜松医科大、聖隷クリストファー大、和歌山県立医科大、島根大、久留米大、大分大、沖縄県立看護大

厚生労働省の資料をもとに作成

◆北星学園大（北海道）＝「今年も北海道内で第1位（20年連続）となりました」（4月7日）。
◆東京家政大（東京）＝「私立大学合格率4年連続全国1位を達成しました！」（3月22日）。
◆富山国際大（富山）＝「受験者10名以上の大学等202校のうち、子ども育成学部は全国第21位、国公立と専門学校を除く全国の私立大学では第3位、北陸の私立大学では第1位の好結果でした」（3月15日）。
◆日本福祉大（愛知）＝「14年連続第1位656名（新卒：452名　既卒：204名）。新卒合格率通信制大学1位（新卒合格者55・7％　新卒受験者数50名以上の通信制大学での集計値）」（3月15日）。
◆関西福祉科学大（大阪）＝「全国第24位　21年連続大阪府No.1！　※通信教育部・課程を除く」。
◆聖カタリナ大（愛媛）＝「5年連続で、四国4年制大学内で合格者総数第1位となることができました」（4月2日）。
◆美作《みまさか》大（岡山）＝「合格率75％！　中四国・九州私大第1位（6年連続）」（3月15日）。
2022年社会福祉士国家試験合格率上位校は次のとおり。①筑波大100％、②大阪市立大94・1％、③大分大88・6％、④愛知教育大85・0％、⑤新潟県立大85・0％、⑥徳島

社会福祉士国家試験合格者（2022 年）

650 人以上
日本福祉大通信教育部
100 人以上、220 人未満
東北福祉大、東北福祉大通信教育部、東洋大、日本社会事業大、日本社会事業大通信教育科、日本福祉大
50 人以上、100 人未満
北星学園大、東京福祉大通信教育課程、国際医療福祉大、東京福祉大、埼玉県立大、淑徳大、武蔵野大通信教育部、武蔵野大、立教大、立正大、神奈川県立保健福祉大、新潟医療福祉大、新潟青陵大、長野大、佛教大、龍谷大、神戸女子大、山口県立大、高知県立大
33 人以上、50 人未満
名寄市立大、青森県立保健大、岩手県立大、群馬医療福祉大、高崎健康福祉大、聖徳大通信教育部、大妻女子大、大正大、東京通信大、法政大、明治学院大、田園調布学園大、金城大、山梨県立大、中部学院大通信教育部、愛知県立大、愛知淑徳大、同志社大、佛教大通信教育課程、大阪府立大、大阪人間科学大、関西大、関西福祉科学大、関西福祉大、関西学院大、武庫川女子大、岡山県立大、川崎医療福祉大、県立広島大、福岡県立大、西南学院大、西南女学院大、西九州大、熊本学園大、九州保健福祉大通信教育部、沖縄国際大

厚生労働省の資料をもとに作成

大84・6％、⑦金沢大83・3％、⑧東京都立大83・3％、⑨新潟大85・7％。

1990年代から2000年代にかけて福祉系学部が増えた時期があった。高齢化社会の到来、障害者が生活しやすいバリアフリー社会の確立などに関連して、福祉の仕事に従事する人材が求められたからである。実際、やりがいがある仕事として、社会福祉士、精神保健福祉士をめざす高校生が現れた。しかし、課題はある。仕事が大変な割には待遇が恵まれているとは言えないことだ。医師や弁護士のような「業務独占資格」（その資格を有する者でなければ携わることを禁じられている業務を独占的に行うことができる）と違って、福祉施設では国家資格を持っていなくても福祉の仕事はできる。社会福祉士や精神保健福祉士の国家資格を持っている人たちの社会的評価が高まることが求められる。

2022年精神保健福祉士国家試験合格率上位校は次のとおり。①長野大100％、①埼玉県立大100％、①福井県立大100％、④山口県立大94・1％、⑤新潟医療福祉大92・9％、⑥県立広島大92・6％、⑦武蔵野大92・3％、⑧高知県立大90・9％、⑨神奈川県立保健福祉大86・4％、⑩秋田看護福祉大85・7％。

精神保健福祉士国家試験合格者（2022 年）

140 人以上
日本社会事業大通信教育科
100 人以上、110 人未満
日本福祉大通信教育部
20 人以上、60 人未満
星槎道都大通信教育課程、東北福祉大通信教育部、東京福祉大通信教育課程、東北福祉大、国際医療福祉大、東京福祉大、聖徳大通信教育部、東洋大、中部学院大通信教育部、日本福祉大、川崎医療福祉大、県立広島大、高知県立大、西南女学院大
10 人以上、20 人未満
名寄市立大、北星学園大、秋田看護福祉大、高崎健康福祉大、埼玉県立大、東京通信大、日本社会事業大、文京学院大、法政大、武蔵野大、神奈川県立保健福祉大、田園調布学園大、新潟医療福祉大、新潟青陵大、福井県立大、長野大、聖隷クリストファー大、佛教大、佛教大通信教育課程、大阪樟蔭女子大、大阪人間科学大、神戸女学院大、武庫川女子大、山口県立大、福岡県立大、九州ルーテル学院大、熊本学園大、九州保健福祉大、沖縄大
8、9 人
青森県立保健大、岩手県立大、福島学院大、大妻女子大、順天堂大、帝京平成大、東海大、山梨県立大、静岡福祉大、愛知県立大、同志社大、関西福祉科学大、徳島文理大、九州産業大、長崎国際大、鹿児島国際大、志學館大

厚生労働省の資料をもとに作成

理学療法士、作業療法士

病気やケガで身体の自由が利かなくなった。そこで身体の動きを元通りにするためにサポートする専門家である。作業療法士は、食事、入浴、排泄《はいせつ》など日常生活のあらゆる作業に関するリハビリテーションに携わる仕事を行う。理学療法士は加齢や事故、循環器系や呼吸器系疾患、難病による身体機能障害をもつ人への基本的な動作能力を回復させる仕事に従事する。

2022年の国家試験の結果について大学はウェブサイトでこう伝える。

埼玉県立大は理学療法士100%、作業療法士97・6%だった。

「国家試験受験者に対しては、個別面談、補講、模擬試験から受験手続に至るまで、きめ細かな指導を行い、合格への道のりをサポートしています。その結果、全国でもトップレベルの国家試験合格率を確保し、合格を果たした卒業生が専門性を生かして全国で活躍しています」。

龍谷大は理学療法士94・9%、作業療法士90・7%だった。悔しさを示している。

「保健師については、受験生全員が合格を果たしました。理学療法士、作業療法士、看護師については、惜しくも全員合格とはなりませんでしたが、卒業生たちは、本学での学びを活かし、今後も活躍してくれるものと期待しています」（2022年3月25日）。

大阪電気通信大はこう胸を張る。

理学療法士国家試験合格者（2022年）

100人以上、120人未満

帝京科学大、新潟医療福祉大

70人以上、100人未満

北海道医療大、北海道文教大、国際医療福祉大［保健医療］、国際医療福祉大［成田保健医療］、東京医療学院大、東京工科大、文京学院大、藍野大、大阪保健医療大、畿央大、九州栄養福祉大

60人以上、70人未満

群馬パース大、帝京大、帝京平成大［健康メディカル］、国際医療福祉大［小田原保健医療］、金城大、健康科学大、名古屋学院大、関西医療大、森ノ宮医療大、甲南女子大、広島国際大、国際医療福祉大［福岡保健医療］

50人以上、60人未満

北海道千歳リハビリテーション大、東北文化学園大、日本医療科学大、城西国際大、了徳寺大、杏林大、帝京平成大［健康医療スポーツ］、目白大、常葉大［健康科学］、藤田医科大、京都橘大、大阪人間科学大、関西福祉科学大、神戸国際大、宝塚医療大、川崎医療福祉大、広島都市学園大、徳島文理大、九州看護福祉大

40人以上、50人未満

東北福祉大、茨城県立医療大、埼玉県立大、埼玉医科大、昭和大、北里大、湘南医療大、福井医療大、長野保健医療大、中部学院大、聖隷クリストファー大、星城大、大阪河崎リハビリテーション大、大阪行岡医療大、大和大、兵庫医科大、熊本保健科学大

厚生労働省の資料をもとに作成

「理学療法学科の学生31人が受験し、100%の合格率を達成しました（全国平均88・1%）」「国家試験対策は1年次からスタートし、普段の授業で試験内容を意識した指導が行われます。4年次になると特別講座を開講。理学療法士志望の学生が集う学科専用のラーニングスペースで試験問題に取り組みます。その他、分野ごとの対策講座や学内模試も充実しており、高い国家資格合格率につながっています」（3月23日ほか）。

理学療法士では新潟医療福祉大、弘前大、茨城県立医療大、新潟医療福祉大、信州大、藤田医科大、大阪府立大、四條畷《しじょうなわて》学園大学、兵庫医療大、県立広島大などが100%だった。

2022年、熊本保健科学大にリハビリテーション学科理学療法学専攻スポーツリハビリテーションコースができ、アスレチックトレーナーの養成を掲げている。アスレチックトレーナーとは、スポーツ選手が試合や練習中に負傷したとき、応急処置や傷害の評価、復帰までの手順を考え、傷害を予防する専門家のことである。現在、スポーツ現場で活躍する理学療法士の多くが、アスレチックトレーナーの資格を持っている。今後、大学はアスレチックトレーナーの養成に力を入れるようだ。

作業療法、理学療法の世界には元スポーツ選手が多く活躍するようになった。自身の経験をふまえて、アスリートが世界で羽ばたけるよう精神面、肉体面でサポートしようという考えだ。

作業療法士国家試験合格者（2022年）

60人以上、70人未満

国際医療福祉大［保健医療］、杏林大、川崎医療福祉大

40人以上、50人未満

北海道医療大、茨城県立医療大、国際医療福祉大［成田保健医療］、埼玉県立大、東京都立大、北里大、健康科学大、森ノ宮医療大、兵庫医科大、九州栄養福祉大、国際医療福祉大［福岡保健医療］

30人以上、40人未満

東北福祉大、帝京大、帝京平成大［健康メディカル］、東京工科大、文京学院大、目白大、国際医療福祉大［小田原保健医療］、湘南医療大、新潟医療福祉大、長野保健医療大、聖隷クリストファー大、星城大、日本福祉大、藤田医科大、京都橘大、佛教大、藍野大、関西福祉科学大、大和大、県立広島大、広島国際大、熊本保健科学大

15人以上、30人未満

札幌医科大、日本医療大、北海道千歳リハビリテーション大、北海道文教大、弘前大、弘前医療福祉大、東北文化学園大、秋田大、山形県立保健医療大、群馬大、群馬医療福祉大、日本医療科学大、千葉県立保健医療大、昭和大、帝京科学大、神奈川県立保健福祉大、金沢大、金城大、福井医療大、信州大、常葉大、名古屋大、中部大、京都大、大阪府立大、大阪河崎リハビリテーション大、大阪保健医療大、関西医療大、四條畷学園大、神戸大、神戸学院大、姫路獨協大、吉備国際大、広島大、西九州大、長崎大、九州保健福祉大、鹿児島大

厚生労働省の資料をもとに作成

臨床工学技士、診療放射線技師ほか

２０２３年、大分大は医学部に先端医療科学科を設置した。医学と理工学など他分野を融合させた教育を行い、臨床工学技士や臨床検査技師の受験資格が得られる。国立大学では初の臨床工学技士の養成機関となる。

臨床検査技師とは、尿や血液、呼吸機能、心電図、脳波などの検査から臓器のはたらきを物理的に捉える専門職である。これによって、診断や治療、健康状態のチェック、病気の早期発見や予防に寄与することができる。

２０２２年の臨床検査技師国家試験合格率上位校は次のとおり。東邦大１００％、広島大１００％、埼玉県立大97・８％、山口大94・６％、藤田医科大94・４％、群馬パース大94・３％、鳥取大94・３％、徳島大94・３％、東京医科歯科大93・１％、金沢大92・９％。

臨床工学技士は生命維持管理装置（呼吸、循環または代謝機能の一部を代替・補助する機械）の操作、保守点検を行う。人工呼吸器、人工心肺装置、人工透析装置などを使い、医師や看護師と連携を図り治療に携わる。

２０２２年の臨床工学技士国家試験合格率上位校は次のとおり。北海道情報大１００％、北里大１００％、杏林大１００％、森ノ宮医療大98・１％、藤田医科大97・９％、近畿大

臨床検査技師国家試験合格者（2022 年）

100 人以上、140 人以下
杏林大、藤田医科大、熊本保健科学大
70 人以上、100 人未満
帝京大、麻布大、北里大［医療衛生］、岐阜医療科学大、神戸常盤大
50 人以上、70 人未満
文京学院大、国際医療福祉大［成田保健医療］、群馬パース大、東京工科大、川崎医療福祉大、関西医療大、新潟医療福祉大、京都橘大、国際医療福祉大［福岡保健医療］、森ノ宮医療大、純真学園大、鳥取大
40 人以上、50 人未満
弘前大、東北大、筑波大、つくば国際大、群馬大、埼玉県立大、埼玉医科大、大東文化大、東邦大［理］、北陸大［医療保健］、新潟大、金沢大、信州大、名古屋大、鈴鹿医療科学大、大阪大、神戸大、神戸学院大、岡山大、倉敷芸術科学大、広島国際大、山口大、九州大、熊本大、九州保健福祉大
15 人以上、40 人未満
北海道大、東北大、筑波大、つくば国際大、群馬大、女子栄養大、東京医科歯科大、大東文化大、桐蔭横浜大、新潟大、金沢大、信州大、名古屋大、中部大、長浜バイオ大、京都大、神戸大、神戸学院大、天理医療大、岡山大、岡山理科大、倉敷芸術科学大、広島国際大、山口大、徳島大、香川県立保健医療大、愛媛県立医療技術大、九州大、琉球大

厚生労働省の資料をもとに作成

94・4％、広島国際大93・6％、藍野《あいの》大93・1％

北里大の合格率は高い水準を維持しており、2012年から2021年までの10年間で、100％→95・2％→100％→100％→97・4％→94・6％→97・6％→100％→100％→100％となっている。

臨床工学技士、臨床検査技師の養成はこれまで医療系専門学校が担っていた領域だった。しかし、2010年代に入っていくつかの大学が「参入」する。少子化が進むなか、大学が生き残りをかけた経営戦略という側面があった。経営コンサルタントが「医療の高度化に伴い、人工呼吸器、人工透析装置を使える専門家が求められる」と大学学長、理事長に指南したのである。

もう一つ、注目される医療系専門職が診療放射線技師である。レントゲンやCTスキャン、MRI、マンモグラフィーといった放射線や超音波などを使って画像を撮影する医療機器の操作が主業務となる。

森ノ宮医療大（大阪）は入学時から診療放射線技師の資格取得にかなり力を入れている。

「1年次　国家試験の過去問に触れ、出題形式・範囲を知るとともに、基礎学力を身につけます。2年次～3年次　年数回の「模擬試験」と、長期休暇時の「対策講座」によって知識

臨床工学技士国家試験合格者（2022年）

70人以上、80人未満

新潟医療福祉大、川崎医療福祉大

40人以上、70人未満

北海道科学大、群馬パース大、杏林大、東京工科大、北里大、北陸大、藤田医科大、鈴鹿医療科学大、森ノ宮医療大、広島国際大

20人以上、40人未満

東北文化学園大、埼玉医科大、日本医療科学大、帝京大、帝京平成大、東海大、公立小松大、中部大、藍野大、大阪電気通信大、近畿大、広島工業大、徳島文理大、純真学園大

3人以上、20人未満

北海道情報大、つくば国際大、国際医療福祉大、千葉科学大、日本大、神奈川工科大、桐蔭横浜大、東海学院大、姫路獨協大、岡山理科大［理］、倉敷芸術科学大、東亜大、長崎総合科学大、九州保健福祉大

厚生労働省の資料をもとに作成

を広げていきます。4年次　模擬試験を数多く実施し、国家試験の直前には「重点対策講座」を開講します」（同校ウェブサイト）。

２０２２年の診療放射線技師国家試験合格率上位校は、川崎医療福祉大１００％、群馬県立県民健康科学大97・2％、杏林大96・0％、金沢大95・5％、茨城県立医療大94・6％、京都医療科学大93・8％、東北大92・5％など。

言語聴覚士、視能訓練士を養成する大学も増えた。言語聴覚士とは、「音声機能、言語機能又は聴覚に障害のある者についてその機能の維持向上を図るため、言語訓練その他の訓練、これに必要な検査及び助言、指導その他の援助を行うことを業とする者」（言語聴覚士法）と定義されている。くだけていえば、「話す」「聞く」「食べる」をフォローするスペシャリストだ。食べ物の飲み込みがうまくいかず、口からこぼれてしまったり、むせてしまったりする人の原因を調べ、対処することも含まれる。視能訓練士は、視力、視覚の測定機器を使って、医師が視力や視野に問題がある人を治療するときに必要なデータを検出する業務を行う。そして、視能を回復するための訓練やリハビリの指導、健康診断のサポートなどにも従事している。

はり師、きゅう師、柔道整復師を送り出す大学は、専門学校時代から実績がある。明治国際医療大は1925年設立の山崎鍼灸《しんきゅう》学院、東京有明医療大は1956年開校の日本中央鍼灸専門学校と東京高等柔道整復学校が起源となっている。
国際医療福祉大は医療系学部が複数あり、2022年の国家試験合格率には差が出ていた。臨床検査技師では成田保健医療学部（千葉）87・2%、福岡保健医療学部（福岡）79・4%。言語聴覚士では保健医療学部（栃木）98・6%、成田保健医療学部100%、福岡保健医療学部100%だった。

診療放射線技師国家試験合格者（2022年）

100人以上、130人未満

国際医療福祉大、帝京大［医療技術］、鈴鹿医療科学大

70人以上、100人未満

つくば国際大、群馬パース大、日本医療科学大、杏林大、帝京大［福岡医療技術］、北里大、岐阜医療科学大、京都医療科学大、大阪物療大

40人以上、70人未満

新潟医療福祉大、純真学園大、川崎医療福祉大、広島国際大、藤田医科大、駒澤大、北海道科学大、徳島文理大、金沢大、弘前大、大阪大、岡山大、徳島大

30人以上、40人未満

日本医療大、名古屋大、東北大、九州大、新潟大、熊本大、茨城県立医療大、群馬県立県民健康科学大、東京都立大、北海道大

厚生労働省の資料をもとに作成

言語聴覚士国家試験合格者（2022年）

50人以上、80人未満

北海道医療大［リハビリテーション科学］、国際医療福祉大［保健医療］、愛知淑徳大、川崎医療福祉大

30人以上、50人未満

国際医療福祉大［成田保健医療］、帝京平成大、北里大、新潟医療福祉大、大和大、県立広島大、国際医療福祉大［福岡保健医療］、熊本保健科学大

20人以上、30人未満

弘前医療福祉大、東北文化学園大、目白大、聖隷クリストファー大、京都光華女子大、大阪保健医療大、関西福祉科学大、広島国際大、福岡国際医療福祉大

2人以上、20人未満

北海道医療大［心理科学］、武蔵野大、新潟リハビリテーション大、福井医療大、京都先端科学大、大阪河崎リハビリテーション大、大阪人間科学大、姫路獨協大、広島都市学園大、九州保健福祉大

視能訓練士国家試験合格者（2022年）

80人以上

帝京大

20人以上、50人未満

国際医療福祉大、北里大、新潟医療福祉大、愛知淑徳大、川崎医療福祉大

7人以上、20人未満

東北文化学園大、大阪人間科学大、九州保健福祉大

厚生労働省の資料をもとに作成

柔道整復師国家試験合格者（2022 年）

60 人以上

帝京科学大、帝京平成大［ヒューマンケア］

30 人以上、60 人未満

了徳寺大、帝京大、帝京平成大［健康医療スポーツ］、東京有明医療大、日本体育大、宝塚医療大、環太平洋大

2 人以上、30 人未満

上武大、常葉大、明治国際医療大、関西医療大、東亜大

歯科衛生士国家試験合格者（2022 年）

60 人以上、70 人未満

大阪歯科大、梅花女子大

20 人以上、50 人未満

埼玉県立大、千葉県立保健医療大、東京医科歯科大、広島大、徳島文理大、九州歯科大、九州看護福祉大

10 人以上、20 人未満

新潟大、徳島大

歯科技工士国家試験合格者（2022 年）

10 人以上、30 人未満

東京医科歯科大、大阪歯科大［医療保健］、広島大

2 人以上、10 人未満

明海大、昭和大、鶴見大、朝日大

厚生労働省の資料をもとに作成

はり師国家試験合格者（2022年）

70人以上
帝京平成大
30人以上、50人未満
東京有明医療大、明治国際医療大、関西医療大、森ノ宮医療大
10人以上、20人未満
鈴鹿医療科学大、常葉大、宝塚医療大、九州看護福祉大
5人以上、10人未満
筑波技術大、倉敷芸術科学大、九州保健福祉大

きゅう師国家試験合格者（2022年）

70人以上
帝京平成大
30人以上、50人未満
東京有明医療大、明治国際医療大、関西医療大、森ノ宮医療大
10人以上、20人未満
鈴鹿医療科学大、常葉大、宝塚医療大、九州看護福祉大
5人以上、10人未満
筑波技術大、倉敷芸術科学大、九州保健福祉大

義肢装具士国家試験合格者（2022年）

20人以上
新潟医療福祉大
5人以上、20人未満
北海道科学大、北海道科学大、人間総合科学大

厚生労働省の資料をもとに作成

第6章　どの大学卒がどんな会社に入ってる？——進路④

銀行・生損保——日銀、みずほ、三井住友など

メガバンクと称される銀行への大学別就職者をみると、その銀行の成り立ちが見えてくる。
三井住友銀行：①早稲田大47人、②慶應義塾大43人、③大阪大42人、④京都大31人、⑤同志社大24人、⑥東京大、神戸大、関西学院大共に23人。
りそなグループ：①早稲田大37人、②慶應義塾大、中央大共に23人、④法政大21人、⑤関西大18人、⑥立教大15人、⑦同志社大、関西学院大共に14人、⑨青山学院大、立命館大共に11人。
三井住友銀行の歴史をひもとけば、かつて関西に拠点をおいていた住友銀行、太陽神戸銀行にたどりつく。りそなグループのりそな銀行は関西で勢力を誇った大和銀行の発展系であり、現在も大阪府の単独指定金融機関になっている。京阪神の国立大学と関関同立がしっかり上位に食い込んでいる。三井住友銀行頭取を23年3月までつとめた髙島誠氏は京都大から住友銀行に入社した経歴をもつ。りそな銀行を傘下に置く金融持株会社、りそなホールディ

ング社長の南昌宏氏は関西学院大出身だ。

三井住友銀行に勤務する中央大国際情報学部出身の女性（22年卒）がこう話す。

「父が営んでいる会社が新型コロナウイルスにより影響を受けたことがきっかけで、厳しい経営状況に置かれている会社を支えることができる銀行の仕事に興味を持ちました。また、自分自身の提案によって活路を見出すことができたり、膝《ひざ》を突き合せて話をする中でお客様の思いにお応えできたりする点に、より一層魅力を感じました。中でも三井住友銀行は、従業員の方々の仕事に対する熱量、そして学生に対して熱く向き合ってくださる姿勢を強く感じ、最終的にエントリーを決めました」（中央大国際情報学部ウェブサイト）。

慶應義塾大は三菱、みずほ系に多くの人材を送り出してきた。

三菱ＵＦＪ銀行：①慶應義塾大69人、②早稲田大43人、③東京大25人。

みずほフィナンシャルグループ：①慶應義塾大51人、②早稲田大35人、③同志社大25人。

そして日本銀行である。日本経済いや世界経済に多大な影響を与える日銀の総合職は男34・2倍、女25・8倍、一般職は女性19・1倍となっている（22年採用）。慶應義塾大14人、早稲田大12人、東京大11人、東京女子大7人、一橋大、立教大共に5人と続いており、その他津田塾大、日本女子大、大妻女子大、共立女子大、昭和女子大、同志社女子大から採用さ

就職先（2022 年）
日本銀行

10 人以上
東京大、慶應義塾大、早稲田大
3 人以上、10 人未満
北海道大、一橋大、青山学院大、学習院大、上智大、中央大、津田塾大、東京女子大、明治大、立教大、横浜国立大、同志社大

みずほフィナンシャルグループ

20 人以上
慶應義塾大、中央大、法政大、早稲田大、同志社大
10 人以上、20 人未満
一橋大、青山学院大、学習院大、上智大、明治大、立教大、横浜国立大、立命館大、関西学院大

三井住友銀行

20 人以上
東京大、慶應義塾大、明治大、早稲田大、同志社大、大阪大、神戸大、関西学院大
10 人以上、20 人未満
一橋大、青山学院大、上智大、明治大、立教大、立命館大、関西大

大学通信の資料をもとに作成

れている。これは長年、その女子大でもっとも優秀な学生を採用し、実際、日銀で活躍してきたという、長年の伝統といっていい。

慶應義塾大経済学部出身（12年卒）の男性は東京海上日動火災の営業職で働く。東北出身で在学中に東日本大震災が起こった。こうふり返る。「傷ついた故郷を目の当たりにし、自分も復興に携わりたいと強く思い選んだ道です」（「慶應義塾大学経済学部案内」）。

商社——三井物産、三菱商事、住友商事など

グローバル化でいっそう注目されているのが総合商社だ。世界各地で生産、流通、販売に関わる仕事は、海外勤務を夢見る学生にとって魅力的だ。慶應義塾大が伝統的に商社に強く、伊藤忠商事の採用者数1位（19人）、三井物産も同1位（28人）、三菱商事でも同1位（25人）となっている。丸紅の採用者数は2位（19人）、双日も同2位（28人）だった。

21年、三井物産社長に就任した堀健一氏は慶應義塾大卒であり、卒業生組織の連合三田会は「物産初の塾出身社長」として盛り上がった。

「塾」と呼ぶところに彼らのプライドが見える。三田会が商社に大きな影響力を及ぼす、という見方はされるが、単なる卒業生組織にすぎず、そんな力はない。各商社に「慶應閥」が

就職先（2022年）

日本生命

20人以上

慶應義塾大、青山学院大、中央大、明治大、立教大、早稲田大、同志社大、大阪大、神戸大、関西学院大

10人以上、20人未満

東京大、一橋大、学習院大、成蹊大、東洋大、日本大、明治大、明治学院大、京都大、同志社大、大阪大、関西大、神戸大

住友生命

20人以上

同志社大、関西大、関西学院大

10人以上、20人未満

青山学院大、慶應義塾大、日本大、日本女子大、法政大、明治大、立教大、早稲田大、西南学院大

東京海上日動火災保険

20人以上

慶應義塾大、明治大、立教大、早稲田大、同志社大

15人以上、20人未満

東京大、青山学院大、上智大、大阪大、神戸大

大学通信の資料をもとに作成

形成され、同窓意識でビジネスがしやすいのはたしかだろう。

明治大政治経済学部出身（18年卒）の男性は三菱商事に内定した際、こう話している。

「大学4年間で培ったマーケティング的思考やソフトスキルをフルに活用して活躍できると思ったからです。また、先進技術の発達や求められる形の変化に伴う危機に対して、立ち向かっていく姿勢が最も真摯に感じられ、自分自身が三菱商事株式会社でその変革を起こす主体になりたいと思ったことが大きな理由の一つです」（ウェブサイト「MEIJI NOW」2018年12月21日）。

早稲田大商学部出身（14年卒）の女性は三井物産に勤務する。在学中、ゼミでは経営管理を学んだという。「町工場などを訪れ、社員が誇りをもって働くことができる日本企業、特に製造業を外から見てみたいと考えるようになりました。3年次の秋から商学部独自の長期プログラムを利用して上海と香港の大学で学びましたが、日本の存在感は薄く、日本製品の魅力をもっと伝えたいと思いました」（「早稲田大学案内2019」）。

大手商社は、「商事」（三菱商事）、「物産」（三井物産）、「伊藤忠」などと略されて呼ばれる。商社のプライドが見え隠れする。「住商」こと住友商事も日本経済で存在感を示してきた。

立教大経営学部出身（18年卒）の男性・Sさんは、住友商事入社後、オフィスビルの開発

就職先（2022 年）
伊藤忠商事

10 人以上
東京大、慶應義塾大、早稲田大
3 人以上、10 人未満
東北大、東京外国語大、一橋大、上智大、立教大、京都大、大阪大、神戸大

丸紅

10 人以上
東京大、慶應義塾大、早稲田大
3 人以上、10 人未満
北海道大、一橋大、青山学院大、学習院大、上智大、立教大、横浜国立大、京都大、大阪大、神戸大

双日

5 人以上
東京大、慶應義塾大、早稲田大
3、4 人
北海道大、東北大、一橋大、名古屋大、横浜国立大、京都大、大阪大、神戸大、関西学院大

大学通信の資料をもとに作成

三井物産

10 人以上
東京大、慶應義塾大、早稲田大、京都大
5 人以上、10 人未満
一橋大、上智大、大阪大

三菱商事

10 人以上
東京大、慶應義塾大、早稲田大、京都大
4 人以上、10 人未満
東京外国語大、一橋大、上智大、大阪大

住友商事

10 人以上
東京大、慶應義塾大、早稲田大
3 人以上、10 人未満
北海道大、一橋大、京都大、大阪大、神戸大

などを手掛けたことがある。土地の購入から開発、リーシング、売却まで、大手ディベロッパーの一連の仕事をひとつの部署で担う。

「求められるのは、多様な人々の間に入って、それぞれの利害を調整する能力。立教経営で培ったリーダーシップが、プレゼンスを発揮するうえでいきています。大学時代は組織行動論の石川ゼミに入り、さまざまなケーススタディを経験しました。実践と知識の両輪を回しながら学びに没頭したあの日々が、現在の基盤を成しています。立教経営の学生は、大学のリソースを活用して主体的かつ前向きに学ぼうとする人が多い印象ですね」(「立教大経営学部案内2023」)。

メーカー――パナソニック、ソニーグループなど

2008年に松下電器産業からパナソニックに社名変更して15年が経つ。松下、ナショナル電器という名称は少しずつ記憶から遠のいているようだ。そのルーツは松下幸之助が大阪で創業した従業員3人の町工場から始まる。歴代社長9人のうち大卒7人中6人は神戸大、大阪大、関西学院大、関西大、京都大というこてこての関西系企業である。採用された人数は、①立命館大34人、②東京工業大26人、③同志社大25人、④大阪大24人、⑤早稲田大22人、

⑥慶應義塾大19人、神戸大19人、⑧中央大16人、⑨関西大15人、⑩関西学院大14人、⑪京都大13人と、関西勢が一大勢力を築いている。

就職先（2022年）

パナソニック

20人以上

早稲田大、京都大、同志社大、立命館大、大阪大

10人以上、20人未満

北海道大、東京大、東京工業大、慶應義塾大、東京理科大、明治大、中央大、名古屋大、関西大、神戸大、関西学院大、岡山大

ソニーグループ

20人以上

東京大、東京工業大、慶應義塾大、東京理科大、早稲田大

10人以上、20人未満

横浜国立大、名古屋大、京都大、同志社大、大阪大

日立製作所

30人以上

東京大、慶應義塾大、東京理科大、早稲田大

20人以上、30人未満

北海道大、東北大、東京大、東京工業大、明治大、名古屋大

大学通信の資料をもとに作成

パナソニックに勤務する立命館大理工学部出身（14年卒）の女性は、在学中はロボティクス学科で機構、制御、力学、センサ、プログラミング、人間の体のつくりなどを学び、研究に活かしている。「今は専門外の業務に対応するための心強い下地にもなっています。将来の目標は、ロボットをより人に身近な存在にしていくことです。納入先でのヒアリングや実証実験も繰り返しながら開発を進めています。知見を拡げるべく、今後は多様な分野のロボット開発に携わりたいと考えています」（立命館大理工学部ウェブサイト）。

トヨタ自動車に採用されたのは①名古屋大26人、②大阪大18人、③立命館大17人、④早稲田大、東京理科大、京都大、同志社大共に15人、⑧九州大、東京工業大共に11人となっており、トヨタ自動車発祥の地で本社がある愛知県以西の大学が多い。地元の愛知県内では南山大7人、名城大6人、中京大4人、名古屋市立大2人、愛知淑徳大2人、愛知大、愛知学院大共に1人などだ。

トヨタ自動車生産技術部に勤務する中京大工学部、大学院工学研究科出身の男性は、エンジンや足周りなどに使われるプレス部品、鍛造部品の表面にできるキズや汚れを見つけ出す表面解析の仕事に携わっている。これまで人間が目視で行っていた検査工程を、画像処理技術やＡＩなどを駆使して完全自働化するための技術開発に従事する。「私が大学院生時代に所属していた研究室とトヨタ自動車が共同で研究していたもので、入社後も引き続き携わっています。企業での開発はより明確な期限や成果が求められ、緊張の連続です。ただ、大学

就職先（2022年）

トヨタ自動車

20人以上

名古屋大

10人以上、20人未満

東京大、東京工業大、東京理科大、早稲田大、京都大、同志社大、立命館大、神戸大、九州大

日産自動車

10人以上

東京工業大、早稲田大、九州大

5人以上、10人未満

北海道大、東北大、東京大、東京都立大、慶應義塾大、中央大、横浜国立大、同志社大、立命館大

ホンダ

20人以上

東京工業大、早稲田大

15人以上、20人未満

東北大、東京理科大、日本大、法政大、同志社大、大阪大

大学通信の資料をもとに作成

院で培った技術や知識のおかげで、開発チームの中で頼ってもらえる部分もあり、大きなやりがいをもって挑戦を続けていきます」（中京大工学部ウェブサイト）。

運輸、通信――JR東日本、ソフトバンク、NTTなど

芝浦工業大はJR東日本、JR東海にはめっぽう強い。2013年から2022年まで10年分の被採用者数は次のようになっている。この間、ランキング1位だった年は何回かあった。

JR東日本：13年35人→14年42人→15年40人→16年34人→17年31人→18年33人→19年29人→20年22人→21年13人→22年9人。

JR東海：13年13人→14年11人→15年7人→16年20人→17年24人→18年25人→19年24人→20年19人→21年24人→22年12人。

前記2社には、工学部機械工、材料工、電気工の3学科からの就職者が多く、JR車両の最先端技術の開発を担っている。また、芝浦工業大附属中学高校のルーツがJR各社の前身である国鉄（日本国有鉄道）と縁が深かったことも関係している。

「1922年4月、旧国鉄で働く若者達に中等教育の機会を提供したいという思いから、本

就職先（2022 年）

JR 東日本

20 人以上
東京電機大、日本大、中央大、立教大、早稲田大
10 人以上、20 人未満
東北大、芝浦工業大、東洋大、法政大、明治大、大阪大

JR 東海

20 人以上
芝浦工業大、日本大、名城大
15 人以上、20 人未満
東京大、慶應義塾大、法政大、早稲田大、名古屋大、中京大、京都産業大、九州大

JR 西日本

10 人以上
京都大、同志社大、立命館大、大阪大、関西大、近畿大
5 人以上、10 人未満
早稲田大、金沢工業大、龍谷大、神戸大、甲南大、岡山大、九州大

大学通信の資料をもとに作成

校の前身である東京鐵道中学が開校。（略）戦後の学制改革で東京育英高等学校に再編。その後、１９５３年に経営が芝浦学園へ移され、現在の芝浦工業大学附属高等学校へと移行していきました」（芝浦工業大附属中学高校ウェブサイト）。

また、ＪＲ東海の技術者には名城大出身者が多い。20年37人、21年23人、22年29人と推移している。なかでも理工学部交通機械工学科出身者が活躍している。同学科では鉄道車両に関わる工学を学ぶ。車両が受ける空気抵抗（流体力学）、パンダグラフにかかる力と振動（流体力学、振動学）、車両に加わる力（工業力学）、車両にかかる荷重と変形（材料力学、構造力学）、モーターの仕組みと冷却（電熱工学、制御工学）などだ。

名城大工学部、大学院工学研究科出身（12年卒）でＪＲ東海に勤務する男性がこう話す。名古屋工場で車両の修繕計画の一部を任されている。「この業務は、名古屋工場が担う修繕作業をどのように行うのかを決定するもので、何十もの関連グループが円滑に作業できるよう、うまく計画を立てなければなりません。独りよがりの考えではなく、それぞれの現場の意見を汲《く》み取りながら、ベストな計画を導き出すことが求められます」（同校ウェブサイト）。

通信について、ソフトバンクに勤務する立命館大産業社会学部出身（15年卒）の男性は在学中、韓国の大学や企業を訪問し、互いのメディア業界の比較や今後の展望について研究し

た。こうふり返る。「英語でのコミュニケーションや慣れない専門用語に苦労しましたが、

就職先（2022年）

ソフトバンク

20人以上

東京大、慶應義塾大、早稲田大

10人以上、20人未満

電気通信大、東京工業大、一橋大、東京理科大、法政大、明治大、立命館大

NTT東日本

20人以上

慶應義塾大、早稲田大

10人以上、20人未満

北海道大、中央大、東京理科大、法政大、明治大、立教大、立命館大

NTT西日本

20人以上

同志社大、大阪大

10人以上、20人未満

東京工業大、名古屋大、同志社大、立命館大、京都大、神戸大、関西学院大、九州大

大学通信の資料をもとに作成

理解したことや感じた面白さ、疑問を発信することには、難易度以上の楽しさがありました。知らないこと、新しく出会うことに背を向けるのではなく、理解しようとする姿勢は、めまぐるしく変化する通信業界の中で日々新たなコンテンツと向き合う現在の仕事に活きています」（立命館大産業社会学部ウェブサイト）。

食品、薬品、化学——サントリー、味の素、資生堂など

大学が企業と共同で研究する、あるいは商品開発することで大きな成果が得られれば両者の絆《きずな》は強まる。企業の研究者が大学で教えたり、学生が企業でインターンシップしたりなどの機会が増えるだろう。こうした関係性によって、大学は優秀な学生をその企業に送り、企業は優秀な学生をその大学から採用する、というケースは見られる。この大学研究室には、この企業商品開発部に採用される枠がある、という話だ。

もちろん、研究でつながる大学、企業は数多《あまた》あるので、A大学の学生ならばB食品の就職活動で有利に働く、とは言い切れない。大学も企業もそんなに甘くは思っていない。それでも伝統的なつながりが、就職ランキングに反映されることはある。東京農業大は山崎製パンに多くの学生を送り出している。かつて両者はコラボによる食品（ランチパック）を開発、

就職先（2022年）

サントリー

5人以上
明治大、早稲田大、同志社大、立命館大、大阪大
2人以上、5人未満
北海道大、一橋大、青山学院大、上智大、中央大、立教大、神戸大、関西学院大、九州大

味の素

5人以上
一橋大、慶應義塾大、早稲田大
2人以上、5人未満
東北大、筑波大、国際基督教大、同志社大、大阪大、九州大

山崎製パン

15人以上
東京農業大、東洋大、日本大、法政大、立命館大、近畿大
5人以上、15人未満
明治大、立教大、南山大、名城大、龍谷大、関西大

大学通信の資料をもとに作成

販売したことがあった。その実績は活かされたようだ。

食品、薬品業界での研究者採用は食物学、薬学とは限らない。電気、機械などの工学系からも採用される。たとえば食品製造機械の開発があるからだ。また、大学時代、理工系分野で実験に取り組んできた人について、企業は専門性よりも実験のノウハウを評価するのであり、電気系の専門家が化粧品を作ることもめずらしくない。

味の素創薬研究所勤務の女性は、慶應義塾大理工学部物理情報工学科、大学院理工学研究科綜合デザイン工学で学んだ(2008年修了)。研究職を選んだ理由をこう話す。「世の中の存在しないものを追求したいと思ったからです。(略)綿密に、完璧に実験が行えたときには学生時代と同じような大きな喜びを感じます」(「慶應義塾大大学案内2015」)。

2019年、資生堂に就職した明治大政治経済学部の男子学生は、積極的に卒業生訪問を行った。実際に働いている人たちの声を聞きたいという思いからだった。「この業界は合わなそうだな」、「こういう職種が私のやってみたいことかも」がわかってきたという。こう記している。「Made In Japan の製品を扱うことと、流行を築いていくことに携わるだけではなく、発信源となることができるからです。また、マーケティングに長けた会社であり、将来的にマーケターとしての成長のチャンスが少なからずあることも、決め手となりました。

就職先（2022 年）

中外製薬

8 人以上

北海道大、東北大、大阪大

4 人以上、8 人未満

東京農工大、慶應義塾大、東京理科大、明治薬科大、立命館大、九州大

旭化成グループ

20 人以上

東京工業大、早稲田大

7 人以上、20 人未満

北海道大、東北大、慶應義塾大、名古屋大、大阪大、神戸大、九州大

資生堂

4 人以上

慶應義塾大、早稲田大

2、3 人

北海道大、東京大、東京工業大、一橋大、上智大、横浜市立大、大阪大、大阪工業大、九州大

大学通信の資料をもとに作成

友人などからは、「なぜ男性なのに化粧品？」と聞かれますが、総合職の4割ほどは男性社員です。自分自身の世界観が広がり、人間的成長が飛躍的に望めるのではないかと考えたことも、この業界を志望した一因です」（ウェブサイト「MEIJI NOW」2018年8月9日）。

サービス、量販、流通――楽天、ヤフー、ニトリなど

IT関連企業として学生から人気が高いサイバーエージェントを設立した藤田晋《すすむ》氏は青山学院大出身だ。楽天創業者の三木谷浩史氏は一橋大出身である。だからといって、いずれも社長出身大学枠はないが、毎年、一定数の就職者はいる。サイバーエージェントの青山学院大出身者は2020年7人、21年6人、22年7人。楽天の一橋大出身者は2020年29人、21年37人、22年30人だった。

サイバーエージェントの藤田氏は興味深いことを話している。「株式会社ってもともと「このプロジェクトを成功させよう」という目的を持ってリスクを分散するような仕組みなのですが、僕はそうではなくて、「21世紀を代表する会社を創るんだ」という人材を集めています。そういう考えで採用をしているんですが、僕が青学出身ということもあってか、当社が最初原宿、表参道、今渋谷に本社があるということもあってか、青学生がたくさんいま

就職先（2022年）
楽天グループ

40人以上
青山学院大、慶應義塾大、立教大、早稲田大、大阪大

20人以上、40人未満
東京大、一橋大、上智大、法政大、明治大、京都大、同志社大、立命館大、関西学院大

ヤフー

10人以上
東京大、東京工業大

5人以上、10人未満
電気通信大、関西大、関西学院大、九州大

サイバーエージェント

10人以上
慶應義塾大、上智大、東京理科大、明治大、早稲田大、同志社大

5人以上、10人未満
北海道大、東北大、青山学院大、慶應義塾大、名古屋大、大阪大、神戸大、九州大

大学通信の資料をもとに作成

すね。青学生を選んで採っているわけではないんですが、青学比率がいやに高いです」（ウェブサイト「ログミーBiz」2015年1月21日）。

ユニクロを全国に展開するファーストリテイリンググループに就職した京都女子大文学部出身（22年卒）の学生は在学中にこう話している。「3月からグローバルリーダー候補職として働きはじめますが、1年以内に店舗の店長、5年以内には本部で人事や教育といった、人の成長をバックアップすると同時に自分自身も成長できる環境で働きたいと考えています。そして何より、一人でも多くのお客さまに自信と幸せを感じていただけるような服を提供するのが、究極の目標です」（大学ウェブサイト）。

コロナ禍以降、コンビニエンスストアの需要が高まり、実際、売り上げを伸ばす成長業界となっている。セブン‐イレブン・ジャパンに採用された京都女子大発達教育学部出身（22年卒）の女性がこう記している。「就職を考える上では、レストランやカフェでのアルバイト経験が私に大きな影響を与えていました。お客さまの日常にそっと寄り添うような、生活に身近な仕事にやりがいや喜びを感じたからです。来春からまずはセブン‐イレブン・ジャパンの直営店舗での勤務がスタートします。人々の生活にとても身近な場所で、少しでも多くの人の日常に寄り添えるような仕事ができるよう、京都女子大学で身につけたスキルも活

就職先（2022年）
ニトリ

20人以上

北海道大、早稲田大、同志社大、関西学院大

12人以上、20人未満

東北大、法政大、立命館大、関西大、近畿大、九州大

ファーストリテイリンググループ

20人以上

慶應義塾大、早稲田大

10人以上、20人未満

上智大、東洋大、法政大、明治大、明治学院大、立教大、同志社大、立命館大、関西学院大

セブン‐イレブン・ジャパン

8人以上

日本大、立命館大

4〜6人

明治大、中央大、東洋大、早稲田大、同志社大、関西大、関西学院大、西南学院大

大学通信の資料をもとに作成

かして頑張りたいと思っています。そして、いつかもっと広い範囲で、より多くの人の日常を豊かにできる仕事ができるようになることが目標です」（大学ウェブサイト）。

メディア、広告代理店――NHK、電通など

「NHKと朝日新聞社の両方内定が取れた学生は、100％はNHKを選ぶんじゃないかな」。こう話すのは朝日新聞社の元役員である。2010年代、朝日新聞は東京電力福島第一原発事故をめぐる「吉田調書」に関する報道の取り消しで不評を買ったが、新聞そのものの部数が大きく落ち込んだことのほうが大きい。いまでは学生にとって新聞記者があこがれの存在ではなくなった。しかし、NHKに対する人気は根強い。

法政大文学部出身（17年卒）の女性は大学で倫理学に魅了され、哲学科を選んだ。「特に印象に残っているのは3年生から始まったゼミです。法哲学の分野で、死刑制度や「道徳は個人の好嫌と同じではないか」などのさまざまなテーマについてゼミ生や先生と意見を交わしました。自分の意見を理解してもらおうと試行錯誤するうちに、自分の考えを論理的に表現して発言できるようになりました。記者として多種多様な人と接する今、ゼミで育《はぐく》まれたスキルの重要性を日々実感しています」（「法政大学案内2022」）。

就職先（2022 年）

読売新聞

6 人以上

早稲田大、京都大

4~6 人

千葉大、東京大、慶應義塾大、中央大、法政大、京都大、大阪大、関西学院大、広島大

講談社

3 人以上

慶應義塾大、上智大、早稲田大

1、2 人

札幌国際大、東京工業大、一橋大、青山学院大、学習院大、駒澤大、明治大、立教大、大阪大

NHK

30 人以上

慶應義塾大、早稲田大

7 人以上、30 人未満

東京大、東京外国語大、一橋大、上智大、東京理科大、法政大、立教大、京都大、同志社大

大学通信の資料をもとに作成

出版では文藝春秋、講談社、新潮社、小学館などは募集定員枠が少ないため競争率が高い。慶應義塾大文学部（21年卒）の男性は講談社で雑誌編集者をつとめている。彼は幼少のころから「死んだらどうなるのか」を考えると、怖くてたまらなかった。「うじうじと死のことばかり考えていた自分に広い世界を教えてくれた本に携わる仕事につきたいと、出版社を志望しました。現在は週刊誌の仕事をしています。抽象的な議論を積み重ねる哲学とは遠い業界のように思われますが、共通点もあります。それは「なぜ?」という問いに答えるということです。例えばゴシップやスキャンダルがあったとして、読者はなぜそんなことが起こったのかを知りたいわけです。ですから我々は現地まで行って聞き込みをしたり、過去の文献を調べたりします。情報を集め、納得できる理由を考えます」（「慶應義塾大文学部案内2023」）。

広告代理店について、2010年代、電通で、働き過ぎやパワハラ問題が起こり、社会から厳しい目が向けられた。広告の仕事は斬新なアイデア、そして体力が必要と言われるが、面白くできるかどうかも、重要なポイントになっている。慶應義塾大総合政策学部出身（12年卒）の男性は博報堂に勤務しており、こうふり返る。「広告の仕事は決められたやり方ではなく、正解もありません。常に自分で考え、〝想い〟を仕事に乗せて世の中を動かしてい

就職先（2022 年）

電通

30 人以上

慶應義塾大、早稲田大

7 人以上、30 人未満

東京大、東京外国語大、一橋大、青山学院大、上智大、法政大、明治大、立教大、横浜国立大、京都大、同志社大、関西大

博報堂 DY パートナーズ

6 人以上

慶應義塾大、上智大、早稲田大

3~5 人

一橋大、東京工業大、青山学院大、明治大、立教大、同志社大

リクルート

10 人以上

東京大、慶應義塾大、早稲田大

4 人以上、10 人未満

東京工業大、一橋大、京都大、京都産業大、大阪大、神戸大

大学通信の資料をもとに作成

く。そんな仕事です。本気でやれば、やるほど面白くなっていくと思います」(「慶應義塾大学案内2016」)。

コンサルタント、シンクタンク——アクセンチュア、メイテックなど

マッキンゼー、アクセンチュア、PwCコンサルティング、ボストンコンサルティング……、これら一括《くく》りに「外資系コンサル」とよばれる会社が、大学生たちから、あこがれに近い思いで語られるようになった。入社後、数年で企業再建のための大きなプロジェクトを担当する。そこで成果を出せば能力が評価され、年功序列に関係なく一部上場企業社員よりも高い報酬が保証される——そんな話が学生のあいだに浸透し、20代で「1000万円プレーヤー」という言い方が、「外資系コンサル」には神話のようにつきまとう。間違ってはいないが、かなり厳しい競争社会である。成果を出せなければ、終身雇用は通用せず追い出され、よほど優秀でなければ、年収1000万円はもらえない。それでも、難関大学の学生からの就職者は増えている。

22年、慶應義塾大の就職先ランキング上位20に5社が並んだ。2位アクセンチュア88人、3位PwCコンサルティング83人、10位ベイカレント・コンサルティング47人、18位アビー

就職先（2022 年）

アクセンチュア

40 人以上
東京大、慶應義塾大、早稲田大
10 人以上、40 人未満
北海道大、東北大、東京工業大、上智大、東京理科大、明治大、同志社大

デトロイト・トーマツ・コンサルティング

20 人以上
東京大、慶應義塾大、早稲田大
5 人以上、20 人未満
一橋大、東京工業大、上智大、東京理科大、明治大、京都大、大阪大、大阪府立大、九州大

アビームコンサルティング

10 人以上
東京大、慶應義塾大、早稲田大
4 人以上、10 人未満
東北大、東京外国語大、東京工業大、一橋大、上智大、中央大、明治大、立教大、京都大、同志社大、立命館大、大阪大

大学通信の資料をもとに作成

ムコンサルティング37人、20位ＥＹストラテジー・アンド・コンサルティング35人。

早稲田大では4社顔を出している。5位アクセンチュア57人、6位PwCコンサルティング50人、9位ベイカレント・コンサルティング44人。

東京大は2位マッキンゼー・アンド・カンパニー23人、4位PwCコンサルティング14人、14位アクセンチュア9人（慶應義塾大、早稲田大は大学ウェブサイト。東大新聞オンライン22年8月30日から作成）。

外資系コンサルはどのような人材が集まるのか。アクセンチュアの人事採用担当者で早稲田大出身（２０１２年卒）の女性によれば、2つのタイプがあり、1つは学生時代に培ってきた専門分野を生かせる人、もう1つは専門性を持たず、率直に自身の興味、または今後の可能性を考えて職種を選ぶ人だ。いずれも、将来起業したいから入社する人も少なくない。人事採用担当者はこう話す。「アクセンチュアに合う方には長く働いてほしいとは思いますが、何か成し遂げたいことがあったり、こういう自分になりたい、こういう仕事をしたい、という思いを尊重する文化が根底にあります。ですので、一生を会社にささげる必要は全くなく、「ポジティブな卒業」という選択も受け入れられているイメージですね」（「早稲田ウィークリー」22年12月5日）。同社は学生に「自分がやりたいことをかなえるためのプラット

就職先（2022年）
PwCコンサルティング

10人以上

東京大、慶應義塾大、早稲田大

10人未満

北海道大、東北大、東京工業大、一橋大、上智大、東京理科大、京都大

メイテック

40人以上

日本大

10人以上、40人未満

千葉工業大、工学院大、中央大、東海大、東洋大、東京電機大、神奈川大、立命館大、大阪工業大、近畿大、関西大

野村総合研究所

30人以上

東京大、慶應義塾大、早稲田大

10人以上、30人未満

北海道大、筑波大、東京工業大、上智大、東京理科大、京都大、大阪大

大学通信の資料をもとに作成

ホームだと思って活用してほしい」と伝えているという。なるほど、終身雇用とは縁がなさそうだ。

第7章　ここの学生はここがすごい！——選手権、コンテストで上位進出

スポーツができる——野球、サッカー、ラグビー、バレーなど

スポーツ強豪大学は高校時代の突出したアスリートが入学する。

野球では、2000年以降、圧倒的な強さを誇っているのは大阪桐蔭《とういん》高校である。同校が2018年春夏連覇したときのメンバーは高校卒業後に3人がプロ野球選手になった。大学進学組で早稲田大、近畿大、同志社大、立教大、天理大、国士舘大、国学院大などに進む。立教大主将の山田健太は、2022年秋こう話している。「プロ野球に行きたいという思いをもって立教に入学して、大学生活はラストシーズンになって。ドラフトのことをあんまり考えないっていうのは無理ですけど…」（「立教スポーツ」2022年9月14日）。プロ野球選手になりたいから立教大入学、というケースは数年前まで見られなかった。これは2008年立教大がアスリート選抜入試というスポーツ推薦を導入し、プロ志望、世界大会出場志向の学生が集まったからだ。その成果の一つに、23年箱根駅伝での55年ぶりの出場があげられる。なお、山田はドラフト候補といわれながら指名されず、日本生命で野球を続ける。

ラグビーも花園（高校選手権）で活躍した選手が次々と強豪大学に進んでいる。22年度の大学選手権で帝京大が2連覇したが、その主力は東福岡、大阪桐蔭、桐蔭学園、京都成章、中部大学春日丘、常翔学園《じょうしょう》など花園上位校が並ぶ。1990年代までラグビー少年にとってあこがれの大学は、古豪といわれる早稲田大、明治大、慶應義塾大、同志社大などだった。しかし、帝京大が9連覇（2009年〜2017年度）し、このなかからワールドカップ日本代表が多く生まれるのをみて、帝京大を志望する高校生が増えている。かつて伝統校からラグビー日本一を奪った大東文化大、関東学院大は、帝京大ほどラグビーでブランド力を持つことはできなかった。復活のためには指導者がカギになる。

サッカーは国立（高校選手権）に出場する学校の選手が強豪大学に進むというわけではない。全国大会とは無縁な無名の学校の出身者がいる。その代表格が2022年ワールドカップで活躍した日本代表の三笘《みとま》薫だろう。川崎市立橘《たちばな》高校出身である。三苫は高校サッカー部ではなく、Jリーグのクラブのユースチームで頭角を現し、プロの誘いを断って筑波大に進んだ。2010年以降、22年ワールドカップ日本代表には、何人か全国制覇した大学から選ばれている。早稲田大の相馬勇紀と吉田麻也《まや》、流通経済大の守田英正、法政大の上田綺世《あやせ》、明治大の長友佑都《ゆうと》など、そして2022年に初優勝した桐蔭横浜大からは山根視来《みき》を送り出した。

野球（大学選手権優勝回数）

5回以上

亜細亜大、駒澤大、法政大、明治大、早稲田大

3〜4回

東北福祉大、青山学院大、慶應義塾大、中央大、東海大、東洋大、近畿大、立教大

1、2回

上武大、専修大、日本大、中京大、中京学院大、大阪体育大、関西大、日本文理大

全日本大学野球選手権大会（1952〜2022年）

サッカー

7回以上

筑波大、駒澤大、中央大、早稲田大

1〜4回

流通経済大、東京大、慶應義塾大、国士舘大、順天堂大、専修大、東海大、日本体育大、日本大、法政大、明治大、桐蔭横浜大、立教大、中京大、関西大、大阪商業大、大阪体育大、関西学院大

全日本大学サッカー選手権大会（1952〜2022年）

ラグビー

4回以上

帝京大、明治大、早稲田大、関東学院大、同志社大

1〜3回

慶應義塾大、大東文化大、法政大、日本体育大、天理大

全国大学ラグビーフットボール選手権大会（1964〜2022年）

常勝と呼ぶのにふさわしい大学チームがある、水球男子で日本体育大は1998年から25連覇。テニス男子で早稲田大が2005年から17連覇、ハンドボール女子では2013年から大阪体育大が9連覇を果たした（2020年はコロナで未開催の競技がある）。

バスケットボール女子は、東京医療保健大が2017年度から22年度まで6連覇中である。同大学は05年に開学。翌年にバスケットボール部が作られた。ヘッドコーチの恩塚亨《とおる》氏は当時をこうふり返る。「実績がないので、最初は高校の先生に挨拶に行っても『誰？』という感じででしたし、選手に声を掛けても来てくれません。来てくれるのは行き先のない生徒で、そういう子は高校時代にチームを背負っていたわけじゃないので、大学でバスケを続けるモチベーションが低く、その温度差が難しかったです」（ウェブサイト「バスケット・カウント」18年9月22日）。伝統校を退け、日本一の強豪校に育て上げる。一人の優れた指導者が選手の力を伸ばす。スポーツ新興校の醍醐味《だいごみ》だろう。

水泳女子は日本大が3年ぶりに日本一を奪還した。その立役者は池江璃花子だった。「1年生が病室にいて学校に来られず、2年生はコロナで授業がなくさびしい生活。最後にマスクを外して、みんなと卒業式を迎えられた」（朝日新聞23年3月26日）。池江はアメフト部の悪質タックル問題で日大が批判された19年に入学したが難病で入院、コロナ禍で1年遅れの

バスケットボール（男）（大学選手権優勝回数）

7回以上

慶應義塾大、東海大、日本体育大、日本大、明治大

1〜6回

筑波大、白鷗大、青山学院大、専修大、大東文化大、拓殖大、中央大、法政大、立教大、早稲田大

バスケットボール（女）

5回以上

筑波大、日本体育大、東京医療保健大、愛知学泉大

1〜4回

白鷗大、拓殖大、早稲田大、松蔭大、大阪体育大、奈良女子大

全日本大学バスケットボール選手権（男＝1949〜2022年　女＝1954〜2022年）

バレーボール（男）

10回以上

筑波大、中央大、法政大

5〜9回

東海大、日本体育大、早稲田大

1〜4回

慶應義塾大、順天堂大、明治大、立教大、大阪商業大、関西大、関西学院大

バレーボール（女）

10回以上

日本体育大

5〜9回

筑波大、青山学院大、東海大

1〜4回

嘉悦大、鹿屋体育大、嘉悦女子短期大、日本女子体育大、京都学芸大、中京大、東京学芸大、東京女子体育大、東北福祉大、武庫川学院女子大

全日本バレーボール大男女選手権大会（男＝1948〜2022年　女＝1954〜2022年）

大学選手権優勝回数

ハンドボール（男）

10回以上

日本体育大、大阪体育大

4〜9回

芝浦工業大、国士舘大、早稲田大、筑波大、中央大

1、2回

立教大、中部大、日本大、法政大、名城大

ハンドボール（女）

15回以上

東京女子体育大、日本体育大

5〜14回

筑波大、大阪体育大

1、2回

武庫川女子大、大阪教育大

全日本学生ハンドボール選手権大会
（男＝1958〜2022年　女＝1965〜2022年）

バドミントン（男）

10回以上

中央大、日本体育大、法政大、立教大

1〜7回

筑波大、慶應義塾大、日本大、早稲田大

バドミントン（女）

8回以上

日本女子体育大、日本体育大

4〜7回

筑波大、青山学院大、京都女子大

1〜3回

つくば国際大、法政大、早稲田大、東海女子大、龍谷大、熊本女子大

全日本学生バドミントン選手権大会
（男＝1951〜2022年　女＝1953〜2022年）

テニス（男）

10回以上

慶應義塾大、早稲田大

5〜9回

亜細亜大、中央大、日本大、明治大、法政大、関西学院大、近畿大、甲南大、神戸大

テニス（女）

10回以上

早稲田大、園田学園女子大

3、4回

青山学院大、亜細亜大、慶應義塾大、日本大、武庫川女子大

1、2回

筑波大、専修大、相愛大、安田女子大

全日本大学対抗テニス王座決定戦
（男＝1947〜2022年　女＝1965〜2022年）

大学選手権優勝回数

陸上競技（男）

20回以上

順天堂大、日本大

5〜19回

中央大、筑波大

1〜4回

東海大、早稲田大

陸上競技（女）

20回以上

筑波大

5〜19回

中央大、日本体育大、東京女子体育大、日本大

1〜4回

福島大、日本女子体育大、中京大、立命館大、大阪成蹊大

日本学生陸上競技対校選手権大会（男＝1947〜2022年　女＝1948〜2022年）

水泳競技（男）

30回以上

日本大

10〜29回

中央大、早稲田大

1〜9回

法政大、明治大、中京大

水泳競技（女）

20回以上

日本体育大

5〜19回

筑波大、天理大、鹿屋体育大

1〜3回

青山学院大、学習院大、専修大、東京女子体育大、東洋大、日本大、山梨学院大、神奈川大、中京大

日本学生選手権水泳競技大会（男女＝1947〜2022年）

ホッケー（男）

10回以上

明治大、天理大

6〜9回

東京農業大、法政大、山梨学院大、立命館大

1〜5回

東京農業大、早稲田大、関西大

ホッケー（女）

20回以上

天理大

8〜19回

山梨学院大、東海学院大

1〜7回

立命館大

全日本学生ホッケー選手権大会（男＝1952〜2022年　女＝1979〜2022年）

大学選手権優勝回数

卓球（男）

15回以上

専修大、明治大

6～14回

青森大、中央大、早稲田大、愛知工業大

1～4回

慶應義塾大、大正大、日本大、近畿大、関西学院大、福岡大

卓球（女）

10回以上

淑徳大、専修大

4回～9回

和洋女子大、青山学院大、中央大、早稲田大、愛知工業大

1～3回

東京富士大、大正大、日本大、中京大、朝日大、同志社女子大、大阪樟蔭大、大阪薬科大、近畿大、神戸松蔭女子学院大

全国大学対抗卓球選手権（男＝1946～2022年　女＝1948～2022年）

自転車（男）

50回以上

日本大

10～49回

法政大

1～4回

中央大、中京大、鹿屋体育大

自転車（女）

10回以上

鹿屋体育大

1～5回

八戸大、筑波大、順天堂大、日本体育大

全日本大学対抗選手権自転車競技大会（男＝1997～2022年、女＝1999～2022年）

柔道（男）

10回以上

東海大、明治大、天理大

4～9回

国士舘大、日本大、中央大

1～3回

筑波大、近畿大、拓殖大

柔道（女）

5～9回

帝京大、東海大、山梨学院大

1、2回

筑波大、埼玉大、国士舘大、日本体育大、環太平洋大

全日本学生柔道優勝大会（男＝1953～2022年　女＝1992～2022年）

大学選手権優勝回数

剣道（男）

10回以上

筑波大、国士舘大、中央大

3〜9回

専修大、法政大、明治大、大阪体育大、鹿屋体育大

1、2回

東京教育大、慶應義塾大、日本大、早稲田大、滋賀大、近畿大、関西学院大

剣道（女）

8回以上

筑波大、鹿屋体育大

2〜7回

国士舘大、東海大、日本体育大、中京大

1回

清和大、埼玉大、法政大、明治大、立教大、早稲田大、福岡教育大

全日本学生剣道優勝大会（男＝1953〜2022年　女＝1982〜2022年）

レスリング（男）

20回以上

日本体育大

6〜19回

拓殖大、日本大、山梨学院大

1〜5回

国士舘大、早稲田大

全日本大学レスリング選手権大会（1975〜2022年）

相撲（男）

20回以上

東京農業大、東洋大、日本体育大、中央大、日本大

3〜9回

拓殖大、明治大、同志社大、近畿大

1、2回

駒澤大、専修大、早稲田大、関西大、関西学院大

全国学生相撲選手権大会（1948〜2022年）

ボクシング（男）

10回以上

日本大、中央大、近畿大

3〜9回

拓殖大、東京農業大、東洋大、明治大

1回

早稲田大、芦屋大、関西学院大

全日本大学ボクシング王座決定戦（1948〜2022年）

オリンピックに出場し23年に卒業した。

スポーツ以外もすごい――吹奏楽、将棋、英語弁論、鳥人間など

吹奏楽、合唱のコンクール強豪校はいずれも意外な顔ぶれである。

全日本吹奏楽コンクールでは神奈川大が圧倒的な強さを誇る。同校吹奏楽部の歴史は古く、1938年神奈川大の前身、横浜専門学校ブラスバンド部として誕生した。63年にコンクール初出場以来、金賞32回、銀賞10回、銅賞1回を獲得している。「初心者で不安な人や、あまり自信がないといった人でも、先輩やコーチの先生が分かりやすく指導してくれます！」(同部ウェブサイト)と訴える。

近畿大も負けない。吹奏楽部は1963年に創部し、金賞22回を勝ちとった。

文教大吹奏楽部は19回の金賞を獲得した。練習は原則として火、木、土、日曜祝日に行う。平日は18時10分～20時30分、土曜日13～17時、日曜祝日は10～17時となっている。授業、部活動、勉強で精一杯となりアルバイトをする時間はないだろう。また、練習場所は越ヶ谷キャンパスとなり、ここで学ぶ教育、人間科学、文の3学部の学生が中心となる。同校のあだちキャンパス(国際、経営の2学部)、湘南キャンパス(情報・健康栄養の2学部)の学生の練

習参加はむずかしい。なお、入部制限は設けてはいないが、他大学に在籍している学生はコンクールに出られない。

全日本合唱コンクールで強豪校として知られるのが関西学院大、東京工業大だ。関西学院グリークラブは1899（明治32）年に設立した。自らをこう紹介する。「日本でもっとも長い歴史を持つ男声合唱団です。これまでに音楽家の山田耕筰《こうさく》、林雄一郎、北村協一をはじめ、各業界に多くの卒業生を輩出しています」（同部ウェブサイト）。

東京工業大混声合唱団Chor Kleines（コール・クライネス）は1963年に創立した。同部は創立当初は団員数30人ほどだったこともあり、ドイツ語で「Chor Kleines」（小さな合唱団）と名づけられた。現在は140人で活動しており、女性はほかに清泉女子大、日本女子大などの学生が集まっている。「クライネスが高いレベルの合唱を維持しているのは学生の力によるものだけではありません。そこには私達を基礎から見てくださるプロの先生方の存在があります。どの先生も楽しく個性豊かで、私達と共に音楽に情熱を注いで下さっています。先生方の適切で親切なご指導のおかげで、私達は歌に、声に磨きをかけて重厚で豊かなハーモニーを作り上げていくことができるのです」（同部ウェブサイト）。

将棋、囲碁で優れた成績をおさめる人たちは、並外れた記憶力、抜群の戦術眼を備えている。いわゆる「地頭の良さ」がものをいうだろう。となれば、入試難関校のチームが上位を競うことが想像される。たしかに東京大、京都大などは強い。しかし、そればかりではない。立命館大将棋研究会は、全国でも強豪校として広く知られており、同会に所属する学生のなかには女流棋士が多く在籍している。「地頭の良さ」もあるが、将棋、囲碁に発揮できる「天賦《てんぷ》の才」プラス相当な努力に依るところは大きい。将棋の藤井聡太竜王（王位・叡王・棋王・王将・棋聖の6冠）はその象徴的存在だ。立命館大にはさすがにここまで突出した逸材は入学しないが、将棋そして囲碁の天才肌の学生が集まってくる。なぜか。それは彼らを受け入れる推薦入学制度のおかげだ。総合型選抜として「文化・芸術活動に優れた者の特別選抜入学試験」を行っており、出願資格にある「高等学校レベルの全国規模の大会に入賞・出場するなど顕著な成績をおさめた者」が入学する。最近では全国高校囲碁選抜大会個人3位、全国高校将棋選手権団体優勝、同個人第3位がいる。なるほど、強いわけだ。

NHKロボコンでは、2022年金沢工業大が九州大、東京農工大、東京大を破って決勝まで進んだ。これまで2007年、10年、17年の3回優勝している。これほど強豪校になったのは、同校の夢考房ロボットプロジェクト「Team_Robocon」の結束力が大きい。「Team_Robocon」は4つの班に分かれる。機構班は設計、加工、組み立てを担当し、

コンクール、コンテスト優勝回数

吹奏楽

10〜18回

文教大、神奈川大、龍谷大、近畿大

5〜9回

駒澤大、創価大、中央大、東海大

2〜4回

東北学院大、亜細亜大、福岡工業大

1回

北海道教育大、札幌大、玉川大、金沢大、関西大、広島大

全日本吹奏楽コンクール・大学の部（1995〜2022年） 金賞を優勝とした

合唱

10〜18回

北海道大、東京工業大、関西学院大、都留文科大

5〜9回

立正大、早稲田大、新潟大、名古屋大

2〜4回

鎌倉女子大、金沢大、山梨大、静岡大、岐阜大、金城学院大、同志社大、九州大、福岡教育大

1回

札幌大谷大、東北福祉大、秋田大、福島大、郡山女子大、流通経済大、東京都立大、京都産業大

全日本合唱コンクール 全国大会 大学ユースの部（1995〜2022年） 金賞を優勝とした

将棋

6回以上

東京大、早稲田大、京都大、立命館大

3〜5回

北海道大、東北大、慶應義塾大、中央大

1、2回

日本大、明治大、大阪大、広島大、九州大

全日本大学囲碁選手権（1958〜2022年）

囲碁

10回以上

東京大、早稲田大、立命館大

1〜9回

慶應義塾大、東京理科大、日本大、明治大、名古屋大、南山大、名城大、京都大、関西大、九州大

学生将棋団体対抗戦（1970〜2022年）

3DCADソフト、旋盤、フライス盤、3Dプリンターなどを駆使する。制御班はプログラムを作成し、画像処理などでロボットが正確に動くようにする。回路班ではんだごて、基板加工機を用いて基板作製、配線、実装を行う。

鳥人間コンテストは、東北大の十八番と言っていい。人力プロペラ機ディスタンス部門では8回優勝を飾っている。2022年には、学友会人力飛行部の「東北大学 Windnauts」の飛行距離は38キロ6880メートルだった。約1時間半かけて人力で飛び続けたのである。なお、これまでの最長距離は約40キロメートルで、2017年に工作機械の製造メーカー「DMG森精機」のエンジニアチーム「BIRDMAN HOUSE 伊賀」(三重県)によって打ち立てられた。同チームにはかつて東京大生として鳥人間コンテスト出場者がいる。東北大は40キロメートル超えを目ざして日々、知恵を絞り、身体を鍛えている。

英語弁論大会で歴史と伝統がありブランド力を持っているのが、福澤杯争奪全日本学生英語弁論大会、大隈重信杯争奪全日本学生英語弁論大会、天野杯全日本大学生英語弁論大会である。いずれも各大学の英語サークル(E.S.S)が主催している。慶應義塾大英語會(K.E.S.S.)委員長の西村尚真氏がこう話す。「プロの Judge の方を招いて行われる福澤杯は、規模感・Lebel ともに全国最高峰です! そしてそんな大会を、K.E.S.S. に所属する学生の

コンクール、コンテスト優勝回数

ロボコン

3〜6回
東京大、豊橋技術科学大、金沢工業大
1、2回
秋田大、東京工業大、東京農工大、早稲田大、長岡技術科学大、名古屋工業大、愛知工科大、京都大、関西大、鹿児島大

NHK大学ロボコン、ABUロボコン（1991〜2022年）

鳥人間

5回以上
東北大、東京工業大、日本大
1〜3回
東京都立大、早稲田大、大阪府立大

鳥人間コンテスト選手権大会　人力プロペラ機ディスタンス部門（1987〜2022年）

英語弁論大会・三大大会1位（2015〜22年）

3〜7回
慶應義塾大、上智大、早稲田大
2回
青山学院大、津田塾大
1回
高崎経済大、東京大、法政大、立教大、関西大

〈英語弁論大会の集計対象〉
三大大会＝大隈重信杯争奪全日本学生英語弁論大会（早稲田大）、福澤杯争奪全日本学生英語弁論大会（慶應義塾大）、天野杯全日本大学生英語弁論大会（獨協大）、法政大学学長杯争奪全日本学生英語弁論大会（法政大）、大木杯争奪全日本大学英語弁論大会（青山学院大）、新島杯争奪全日本学生英語弁論大会（同志社大）、上智大学学長杯争奪英語弁論大会（上智大）、小川杯争奪英語弁論大会（東京外国語大）、三上杯争奪全日本大学英語弁論大会（明治大）、ウィリアムズ杯争奪全日本大学生英語弁論大会（立教大）

英語弁論大会1位（2020〜22年）

7、8回
法政大、早稲田大
2〜6回
高崎経済大、東京大、慶應義塾大、立教大、同志社大
1回
東京外国語大、青山学院大、上智大、津田塾大

英語弁論大会1〜3位（2020〜22年）

10〜15回
法政大、早稲田大、慶應義塾大、同志社大
5〜9回
高崎経済大、東京大、青山学院大、上智大、立教大、津田塾大
1〜4回
東京外国語大、獨協大、関西大、武庫川女子大、広島大

みで、企画・運営を行うという点も魅力です」。

学生の社会運動が熱い

２０２０年代前半、学生は社会と向き合う上で取り組んでいるテーマがいくつかある。気候温暖化対策、環境、ジェンダー（性の多様性尊重、性暴力反対）、入国管理や難民、学費などがある。

社会運動のなかで学生の参加がもっとも多かったのが、気候温暖化対策を求める運動だ。２０１８年、スウェーデンで当時15歳だったグレタ・トゥーンベリさんが気候温暖化対策を求めた行動がまたたくまに世界中に広まった。日本でも２０１９年2月、「Fridays For Future Japan」が誕生し、あっという間にこの運動は全国に広がった。２０２１年、イギリス、グラスゴーで開かれたＣＯＰ26（第26回気候変動枠組条約締約国会議）に、日本からFridays For Future Japanの10代、20代が数人「参加」して、現地で温暖化対策を求めて声をあげた。このなかには東北大の学生が含まれている。２０２２年には鹿児島大、慶應義塾大の学生が参加している。「Fridays For Future Japan」のメンバーは「デモ」ではなく「パレード」と呼んでいる。また、「ストライキ」と称した運動を行っているが、これは半世紀以上前のバリケードを築いて校舎を封鎖するようなものではない。授業をボイコットして抗議行動することだ。彼らはよく、「私たちは当事者であると当時に加害者でもある」という。「将来の地球がひどい状況になる」という気候変動の影響を大きく受ける世代でありながら、直接的な影響を受けにくく、気候危機を止めない先進国の一員という自覚があるからだ。

気候温暖化対策に関連するテーマとして、環境破壊に取り組む学生がいる。明治神宮外苑《がいえん》の再開発に伴い、銀杏《いちょう》並木など約900本が伐採されることになった。これに対して、上智大の学生が強く抗議し署名活動、サイレントデモを行っている。

2020年代は、ジェンダー（性的マイノリティ、性暴力）を考える、性の多様性を尊重する立場からの運動が広がった。

2019年3月、実父が引き起こした準強姦《ごうかん》事件（愛知）、こちらも実父による強制性交事件（静岡）、そして、44歳男性が起こした準強姦事件（神奈川）のいずれも無罪になったことに対して、女性を中心に性犯罪を非難する声があがった。毎月11日、フラワーデモと称した抗議行動が全国で行われ、今日まで続いている。そのほとんどは名前、年齢、所属を明かしていない。しかし、東北大の女子学生がメディアに実名で登場し性暴力反対を訴えていた。

セックス（性交渉）に関する問題提起がなされた。夫婦であれ、恋人であれお互いの同意がなければ性交渉してはいけない＝性的同意を求める、という考え方を浸透させる運動だ。2015年に作られた「ちゃぶ台返し女子アクション（Chabujo）」もその一つである。早稲田大、創価大などの学生が活動し、大学に新入生向けに性的同意のワークショップの開催、学生ハンドブックに性的同意について啓蒙《けいもう》する内容の記載を求め、それが実現している。関西でも同様なグループ、GENESISが誕生し、京都大、立命館大の学生が活動していた。

2019年、国際基督教大出身の山本和奈氏が立ちあげたグループ「Voice Up Japan」はジェンダーに関するさまざまなテーマに取り組み、上智大、青山学院大、長崎大など全国の大学に支部が作られた。「Voice Up Japan」埼玉大支部は「関心あること：ないものとされている声に耳を傾けたいので色々な社会問題に関心があります。特定の人を差別や蔑視しているがゆえに起こる問題に対して声をあげ、社会を変えていきたいです」と抱負を述べている。2023年から、「Voice Up Japan」の大学支部はそれぞれ独立して個別に行動するようになった。「Voice Up Japan Meiji」は「Empower Meiji」に団体名を改め、再出発した。ジェンダー、社会的公正、フェミニズム、社会運動、学生運動、パートナーシップ制度、同性婚などをテーマに勉強会などを行っている。

入国管理や難民については、学生の支援グループができた。全国に「外国人労働者・難民

高等教育無償化を求めるなど

FREE

千葉大、東京大、東京学芸大、東京芸術大、一橋大、慶應義塾大、中央大、東京女子大、東洋大、和光大など

「外国人労働者・難民と共に歩む会」の学生グループ

BOND

上智大、清泉女子大、獨協大、早稲田大など

START

名古屋大、愛知県立大、名古屋市立大、名古屋外国語大、南山大、名城大

TRY

京都大、神戸市外国語大など

各大学のサークル

クローバー（CLOVER）〜難民と共に歩むユース団体（筑波大）、Sophia Refugee Support Group（上智大）、SHRETIRIS（聖心女子大）、IRIS（国際基督教大）、MIFO（明治大）、SHIRORU（京都大）、橋人（高知大）、STARs（長崎大）

気候温暖化対策要求

Fridays For Future Japan

東北大、宇都宮大、東京学芸大、慶應義塾大、国際基督教大、聖心女子大、東海大、明治大、明治学院大、立教大、立正大、早稲田大、都留文化大、静岡大、京都大、大阪市立大、関西大、九州大、鹿児島大など

と共に歩む会」が生まれ、関東を中心に活動する支援団体は「BOND」、東海は「START」、関西は「TRY」という名称で活動している。所属大学は上智大、獨協大、早稲田大、愛知県立大、名古屋外国語大、神戸市外国語大など、外国語系、国際系学部があるところが多い。高知大には、外国人支援の「橋人」というサークルがある。

大学運営の姿勢を問うグループがいた。2020年夏、その数年前から高等教育無償化を訴えていた学生グループ「FREE」が、学費減免を求めて国会前や文科省前などで抗議行動を起こしている。千葉大、東京大、中央大、東洋大などの学生が中心となっていた。FREEは「活動の進め方の約束」として、「非暴力、反ヘイト、ジェンダーフリー」を掲げている。そして、「活動参加者の思想、信教、政党支持の自由を守ります」とある。コロナ禍ではほとんどがオンライン授業になったことで、キャンパスに通って学ぶことができない分、学費返還を求める動きもあった。

2020〜22年、コロナ禍で学生同士がリアルで付き合う機会が少なくなった。社会のあり方、最先端の思想をめぐって議論する場がないことで、知に対する飢餓感を抱いていた学生がいる。

2023年、コロナ禍がおさまりつつあるなか、学生たちが主体的に集まって学びの場を

学生サークル

社会科学、現代思想系サークル

東北大現代思想研究会、筑波大社会科学研究会、東京大政治経済研究部、東京都立大文化学術研究会、名古屋大社会科学研究会、京都大社会科学研究会、同志社大現代社会ゼミナール、立命館大社会科学研究会、関西学院大社会科学研究会、和歌山大社会科学研究会

立て看板掲示サークル

東北大立て看同好会、東京大立て看愛好会、シン・ゴリラ（京大タテカンサークル）、プレジデント（立命館立て看観察サークル）、神大立て看同好会（神戸大）

2023年　SNSで確認

政党、政治党派所属の学生

自民党学生部

筑波大、東京大、東京学芸大、東京農工大、青山学院大、亜細亜大、茨城キリスト教大、お茶の水女子大、学習院大、神奈川大、慶應義塾大、工学院大、国学院大、国士舘大、駒澤大、上智大、昭和大、成蹊大、専修大、大東文化大、拓殖大、中央大、津田塾大、帝京大、東京経済大、＊東京都市大、東京理科大、日本大、一橋大、法政大、武蔵野大、武蔵野美術大、明海大、明治薬科大、立教大、早稲田大、横浜国立大など

2022年　自民党学生部ウェブサイトから作成。＊印は委員長

新左翼系党派

東京大、中央大、＊学習院大、＊京都大、＊広島大、＊沖縄大など（以上、中核派）
北海道大、＊国学院大、＊早稲田大、金沢大、奈良女子大、鹿児島大、琉球大など（以上、革マル派）

2023年　機関紙などで判明分　＊印は委員長、副委員長、書記長の出身

設けるようになった。東北大現代思想研究会は「家事労働のフェミニズム」、名古屋大社会科学研究会は「ロシアのウクライナ侵略で一変した世界　米―中・露の激突で生み出された〈戦争と大軍拡の時代〉」、京都大社会科学研究会は「個人史から見る在日朝鮮人の歴史」、関西学院大社会科学研究会は「階級史観入門」などに取り組む。東京大政治経済研究部はデリダの読書会を開き、『暴力と形而上学』を読む。東京都立大文化学術研究会は「『現代思想入門』を読む！」でデリダ、ドゥルーズ、フーコーについて語り合う。

2020年代、いくつかの大学で立て看板に関連するサークルが作られた。大学による立て看板規制に反対し、ときに政治的メッセージを発信している。22年秋、東北大立て看同好会では「国葬阻止」、東京大立て看愛好会は「罢免独裁国贼习近平」(独裁国賊習近平を罷免せよ、中国民主化を求める東大留学生有志) を掲げたが、いずれも大学から撤去される。京都大では立て看板の掲示をめぐって大学と衝突することがあった。

2022年から2023年にかけて、首都圏の大学を中心に「だめライフ愛好会」が設立された。大学非公認サークルで、「だめがだめでいられる場所をめざす」を掲げている。筑波大、千葉大、東京大、東京外国語大、青山学院大、慶應義塾大、多摩美術大、東海大、和光大、立命館大、大阪芸術大、広島大、九州大などがSNSで活動を発信している。活動内容は大学で異なるが、大学の管理体制批判（立て看板掲示、ビラ配布の自由、構内禁煙反対などの訴え）や現政権批判から、食事会やハイキングへの誘いなど、多岐にわたっている。中央大だめライフ愛好会はツイッターでこう記している。「だめライフは大学が管理的だからこそ反発として生まれる余地があると思います。そのため、さほど不自由でない大学では起こりにくいでしょう。一方で、あまりに管理的すぎてぺんぺん草も生えない大学でもまた起こりにくいでしょう。つまりだめライフとは中間的な大学で最も起こりやすい」（5月27日）。

学生が社会と向き合って行動を起こすにあたって、自らを「アクティビスト」と呼ぶことがある。「活動家」の和訳だが、「活動家」では半世紀前の学生運動の暴力的な学生がイメージされることを避けて、欧米で使われている「アクティビスト」を好む学生がいる。一方で、この呼び方にもしっくり来ない学生もあり、わかりやすく具体的に「気候活動家」など、あるいは、昔ながらの「学生活動家」と自称する学生もいる。

第8章　知名度が高い教員はどこにいるのか――大学教員の社会貢献

政府審議会、委員会の委員に呼ばれやすい

日本の社会を良くしよう。そのために政治家はさまざまな政策を考える。たとえばコロナ禍で客足がパッタリ止まった飲食店や旅館は経営難に陥り、いつつぶれてもおかしくない。国はこうした業界を支えるために支援する法律を作る。政治が解決するテーマだ。これらは、担当する省庁の官僚が具体案を練る。だが、法的に整合性がきちんととれているかなど、政策立案を政府、省庁だけで進めるのは心許ない。そこで、この分野に詳しい専門家が集められる。こうして審議会が作られ、政策の妥当性について議論され、やがて国会で関連する法案が通り、コロナ禍における支援が実現される。

政府審議会は国家行政組織法で規定された組織だ。法令や政令を審議したり、政府が政策を実施したりする際、大学教員など専門家を集めて省庁などに進言し、承認を与える会議だ。審議会委員の人選は、政府と省庁が行う。大学教員の知見が世の中を良くするという意味で、審議会委員就任は大学の社会貢献につながる。

では、審議会委員にはどのような大学教員が選ばれるのか。政策に真っ向から反対する人は対象外だ。資本主義制度を否定する思想の持ち主は困る。経済系の審議会ではマルクス経済学者は論外だろう。自民党政権ならば、日本共産党の政策を支持する人も遠慮願いたい。できれば、自分たちの政策を代弁するような人がいい。だが、政府と省庁に頷《うなず》くだけでは、「御用学者」との出来レースと見られてしまう。そして、学者という権威付けがほしかったのか、とも受け止められる。実際の会議で委員全員が賛同するようなシャンシャン大会にしたくない。政策に反対しないが、ひとことクギを刺してくれる人がいれば理想的だ。

大学教員のホンネからすれば、自分の専門分野で政策が議論されるのであれば、審議会は実践の場となるので魅力的ではある。これまでアカデミズムの世界で積み上げてきた研究成果を実際の政策に生かしたい、という強い思いがあるからだ。また、政治家、官僚と議論して新しい知見を得たいという気持ちもある。さらに、審議会で用意される資料には市井の人では手に入れられない極秘情報が含まれることがある。大学教員にすれば研究素材としては垂涎《すいぜん》の的であり、これを読めるだけでも審議会委員になる意味はある。

審議会委員が多い大学を見てみよう。

東京大、慶應義塾大、早稲田大といった入試難易度で上位のおなじみな顔ぶれだ。東京大

政府審議会、委員会の委員をつとめる大学教員

20人以上、90人未満

東京大、慶應義塾大、早稲田大、一橋大、京都大

10人以上、20人未満

東北大、学習院大、中央大、大阪大、法政大、明治大、筑波大、名古屋大

5人以上、10人未満

上智大、東洋大、神戸大、東京都立大、青山学院大、北海道大、千葉大、東京海洋大、同志社大、東京工業大、東京女子大、立教大、横浜国立大、新潟大、九州大、東京医科歯科大、東京農工大、日本大、明治学院大、関西学院大、長崎大

2〜4人

お茶の水女子大、成蹊大、帝京大、東海大、東京理科大、立正大、広島大、鹿児島大、国学院大、茨城大、国際医療福祉大、自治医科大、敬愛大、千葉商科大、工学院大、津田塾大、東京経済大、日本社会事業大、椙山女学園大、立命館大、近畿大、高知工科大

2022年　各省庁のウェブサイト掲載資料をもとに作成

が圧倒的に多いのは法律、政治、経済の分野で専門家が多く、官僚を多く送り出してきたからに尽きる。審議会委員の選出では、省庁の審議会を担当する官僚が采配を握っている。このとき、東京大出身の官僚が学生時代の指導教員にお願いするというケースも見られる。慶應義塾大の教員には経済、商、医学部の所属が多く見られる。早稲田大は建学理念として「在野」を謳《うた》っているものの、大学教員は「在野」意識がないようだ。中央大は法、商学部から審議会委員を多く出している。

関東地方の大学に審議会委員が多いのは、国会、省庁など政治や官僚機能が東京を中心に動いているからだ。北海道大、九州大などにも政治、経済の専門家はいる。しかし、委員会を招集するとき、東京から遠距離の大学勤務では移動に時間がかかってしまう。昨今、大学の業務が多忙きわまりない。東京で1～2時間の会議でも1日がまるまるつぶれてしまう。それゆえ、地方大学の教員は省庁から審議会委員のオファーがあっても引き受けないケースが少なからず見られる。省庁もそれがわかっていて、最初から地方大学の教員を避ける傾向にある。

審議会委員をいくつもかけもちしている大学教員がいる。

高知工科大学長の磯部雅彦さんは社会資本整備審議会、交通政策審議会、国立研究開発法人審議会の委員をつとめる。東京大出身で専門は土木分野の湾岸工学。南海トラフをふまえた津波対策で発言が多い。中央大教授の佐伯仁志《さえきひとし》さんは司法試験委員会、法制審議会、検察官・公証人特別任用等審査会の委員に就任した。専門は刑法学。最近では有斐閣「ポケット六法　令和4年版」で大村敦志さん（学習院大学教授）とともに編集代表をつとめた。

学術会議会員という知の砦

学者の国会。

日本学術会議（以下「学術会議」）はかつてこう称されていた。大学教員にとって会員就任は学問業績、学者としての知見が高く評価されたことになり、たいへん名誉な話であるからだ。現会長はノーベル賞受賞学者の梶田隆章《かじたたかあき》さん、前会長は京都大総長だった山極壽一《じゅいち》さんがつとめた。歴代会長には朝永振一郎《ともなが》さん（ノーベル物理学賞受賞学者、元東京教育大学長）、吉川弘之《ひろゆき》さん、茅《かや》誠司さん（以上、元東京大総長）などが就いており、大物学者が目を光らせていた。

しかし、昨今では「国会」とたとえられるほどには、学術会議に権威はなくなったようだ。たとえば、学術会議は第二次世界大戦中に学者が軍に協力したことへの反省から、軍事にかかわる研究にはいっさいノーを突きつけていた。これに対して、自民党政権から「現実的ではない」という見方が示されている。また学術会議は日本共産党に近い思想だという批判もあり、ネット右翼から攻撃対象となることがある。

政権にとっては学術会議は苦々しく感じるような存在だったことは間違いない。

それを象徴するできごとが2020年に起こった。菅義偉《すがよしひで》首相（当時）は、学術会議の新会員について、学術会議が推薦した候補者105のうち、6人を除外して任命したのである。宇野重規さん（東京大・政治思想史）、岡田正則さん（早稲田大・行政法学）、小沢隆一さん（東京慈恵会医科大・憲法学）、加藤陽子さん（東京大・日本近代史）、松宮孝明さん（立命館大・刑法学）、芦名《あしな》定道さん（京都大・宗教学）だ。政権が学術会議の新会員を認めなかった理由について、「総合的・俯瞰《ふかん》的な活動を確保する観点から判断した」「民間出身者や若手が少なく、出身や大学にも偏りがみられる」などと説明している。が、彼らの学問的見地からの言動が、政権の意に反したもの、というのがもっぱらの見方だ。

早稲田大教授の長谷部《はせべ》恭男《やすお》さんは厳しく批判する。

「要するに「私たちの気にくわない人を任命しなかった」と言っているだけではないでしょうか。これでは、学問に基づいていろいろと意見を言うのはやめてくれ、政府の気持ちをそ

日本学術会議の会員が所属する大学

10人以上

東京大、京都大、大阪大、慶應義塾大

4人以上、10人未満

東北大、早稲田大、九州大、名古屋大、北海道大、筑波大

2、3人

千葉大、一橋大、明治大、広島大、東京都立大、中央大、横浜国立大、神戸大、関西学院大、愛媛大

日本学術会議の連携会員が所属する大学

100人以上

東京大、京都大

50人以上、100人未満

名古屋大、大阪大、東北大、慶應義塾大、九州大

10人以上、50人未満

早稲田大、北海道大、広島大、東京工業大、神戸大、筑波大、東京医科歯科大、一橋大、立命館大、千葉大、横浜国立大、岡山大、明治大、関西学院大、学習院大、東京理科大、法政大

2022年　日本学術会議のウェブサイト掲載資料をもとに作成

んたくして意見を言ってくれということになる。今回のことがあった上で、政府にきちんとものを言わない学者は、世間からは「政府のイヌ」と見なされかねません」（「毎日新聞」2020年10月14日）

学術会議は首相のもと、政府から独立して政策の提言などを行う学者の機関である。「科学が文化国家の基礎であるという確信の下、行政、産業及び国民生活に科学を反映、浸透させることを目的」として設立された。その役割は、①政府に対する政策提言、②国際的な活動、③科学者間ネットワークの構築、④科学の役割についての世論啓発、となっている。任期は6年で3年ごとに半数が入れかわる。

現在、学術会議会員の年齢構成は平均60・06歳、最高齢は69歳。最年少は45歳となっている。最年少は高山弘太郎さん（豊橋技術科学大、愛媛大）、馬奈木俊介さん（九州大）、所千晴さん（早稲田大）の3人（20年10月当時）。教員の所属大学が東京大34人、京都大16人、大阪大14人、慶應義塾大10人、東北大9人、早稲田大8人、九州大7人となっている。国際基督教大、上智大、青山学院大、立教大、法政大、学習院大、東洋大、専修大などの教員はいない。地方では公立はこだて未来大、尚絅《しょうけい》学院大、大阪芸術大、四国学院大、日本赤十字九州国際看護大などの教員が会員となっている。

会員のほかに連携会員が設けられている。これは学術会議会長によって任命され、会員と連携して日本学術会議の職務の一部を行うなど、各種の委員会や分科会に委員として参加して審議に参画する。連携会員の所属大学は東京大202人、京都大113人、大阪大62人、名古屋大62人、東北大60人、慶應義塾大55人、九州大51人、早稲田大47人。

東京大名誉教授の上野千鶴子さんは学術会議会員、連携会員をつとめたことがある。学術会議任命拒否に強く抗議してこう記している。

「学者は権力にではなく、真理にのみ仕える。そして真理は多数決では決まらない。その武器は論理とエビデンスのみである」(『学問の自由が危ない』晶文社、2021年)。

学問的見地から政権を監視する。国家権力に物言いする。それが学者の役割である。

新書で専門分野を解説できる

新型コロナウイルス感染拡大、ロシアのウクライナ侵攻、気候温暖化、物価高騰、少子高齢化、外国人の在留資格、ジェンダーと男女平等……。いま、わたしたちは多くの問題に直面している。こうした問題を読み解き、そして解決するためにはどうしたらいいか。まずは知りたい分野に関する基本的な知識を身につけなければならない。そのためには大学教員など専門家の知見が参考になる。
大学の役割には教育、研究、社会貢献の3つがある。大学教員が自分の専門分野をわかりやすく解説することも社会貢献の一つである。大学教員は出版物でさまざまな疑問に答えてくれる、考えるヒントを教えてくれる。わたしたちはそれを利用しない手はない。出版物といっても難解な用語が多い専門書は歯が立たない。しかし、多くの大学教員は専門分野をわかりやすく解説した入門書や啓蒙《けいもう》書、また、学び方を指南した実用書を出している。その多くは新書として刊行されている。ハンディタイプで手に取りやすい。安価なのもうれしい。新書のなかには大御所が著した古典に含まれるものもある。
2000年以前でいくつか紹介しよう（ベストセラー新書。著者、出版当時の所属大学、出版社）。
『日本の思想』（東京大・丸山真男、岩波新書）
『論文の書き方』（学習院大・清水幾太郎、岩波新書）
『タテ社会の人間関係』（東京大・中根千枝、講談社現代新書）
『知的生活の方法』（上智大・渡部昇一、講談社現代新書）
『理科系の作文技術』（学習院大・木下是雄、中公新書）

新書を執筆した大学教員（1997〜2022年）

200冊以上

東京大、京都大、慶應義塾大

70冊以上、200冊未満

学習院大、法政大、明治大、早稲田大、大阪大

40冊以上、70冊未満

北海道大、東北大、筑波大、千葉大、東京工業大、一橋大、青山学院大、中央大、帝京大、日本大、明治学院大、立教大、名古屋大、同志社大、立命館大、神戸大

20冊以上、40冊未満

国際医療福祉大、埼玉大、獨協大、東京外国語大、東京学芸大、東京都立大、国学院大、順天堂大、上智大、専修大、大東文化大、拓殖大、多摩大、東海大、東京女子大、東洋大、神奈川大、金沢大、静岡大、静岡県立大、名城大、京都産業大、関西大、帝塚山学院大、関西学院大、甲南大、九州大

12冊以上、20冊未満

電気通信大、東京医科歯科大、東京芸術大、桜美林大、共立女子大、杏林大、駒澤大、成蹊大、清泉女子大、多摩美術大、津田塾大、東京経済大、東京理科大、日本女子大、立正大、関東学院大、北里大、東洋英和女学院大、新潟大、三重大、京都府立大、京都芸術大、大阪市立大、兵庫県立大、鹿児島大

常勤の大学教員（教授、准教授、講師、助教）が対象。延べ人数。客員教授、名誉教授などは含まない。所属は執筆当時の所属大学。対象の新書は次のとおり。朝日新書、岩波新書、角川新書、河出新書、幻冬舎新書、講談社現代新書、光文社新書、集英社新書、集英社インターナショナル新書、小学館新書、新潮新書、ちくま新書、中公新書、文春新書、平凡社新書、NHK出版新書、PHP新書。

朝日新聞出版「大学ランキング2024」掲載記事をもとに作成

『ゾウの時間　ネズミの時間』（東京工業大・本川達雄、中公新書）
『「超」整理法』（一橋大・野口悠紀雄、中公新書）
2000年代以降はどうだろうか。2008年、中央公論新社主催で「新書大賞」がスタートした。同賞の上位作は話題となり、ベストセラーとなった。いくつか並べてみよう。
『日本辺境論』（神戸女学院大・内田樹、新潮新書）
『生物と無生物のあいだ』（青山学院大・福岡伸一、講談社現代新書）
『ケーキの切れない非行少年たち』（立命館大・宮口幸治、新潮新書）
『教育格差』（早稲田大・松岡亮二、ちくま新書）
『社会を変えるには』（慶應義塾大・小熊英二、講談社現代新書）
『人新世の「資本論」』（大阪市立大・斎藤幸平、集英社新書）
新書の著者は東京大が圧倒的に多い。東京大507人、京都大264人、慶應義塾大212人、早稲田大178人、明治大161人となっている。昨今、東京大を引っ張ってきたのが、吉見俊哉《しゅんや》さん、本郷和人さんだ。2020年以降、本郷さんは『日本史の法則』（河出新書）、『北条氏の時代』（文春新書）、『日本史を疑え』（文春新書）、『徳川家康という人』（河出新書）、『歴史学者という病』（講談社現代新書）などを出している。一方、吉見さんも負けない。『大学は何処へ――未来への設計』(岩波新書)、『東京復興ならず』(中公新書)、『検証コロナと五輪』(河出新書)、『東京裏返し――社会学的街歩きガイド』(集英社新書)などを刊行した。なお、吉見さんは2023年から国学院大に移った。今後も彼は新書を出し続けるだろう。それによって、国学院大の社会貢献度が増すことになる。

一方、新書ベストセラー作家が東京大に集まる傾向がある。

マルクス経済学、哲学、思想史、気候などに取り組む斎藤幸平さんは、2021年に『人新世の「資本論」』(集英社新書)を刊行し、50万部を超えた。齋藤さんは1987年生まれ。ベルリン自由大、フンボルト大(以上、ドイツ)の大学院で研究生活を送る。2017年、大阪市立大准教授に就任した。2022年から東京大の教壇に立っている。哲学者の國分功一郎さんは、2020年、東京工業大から東京大に移った。最近では、『近代政治哲学――自然・主権・行政』(ちくま新書)、『はじめてのスピノザ――自由へのエチカ』(講談社現代新書)、『スピノザ――読む人の肖像』(岩波新書)を出している。新書を通じて社会に警鐘を鳴らす教員がいる。高橋洋一さん(嘉悦大)、森永卓郎さん(獨協大)、井手英策さん(慶應義塾大)、苅部直《かるべただし》さん(東京大)、浜矩子さん(同志社大)、中島岳志さん(東京工業大)、白井聡さん(京都精華大)などだ。

「世界一受けたい授業」でみた！

生まれて初めて「大学教授」という職業を知るのは、案外、テレビの情報系、バラエティ系の番組かもしれない。『世界一受けたい授業』（日本テレビ）もその一つであろう。同番組は、その時々のもっともホットなテーマを大学教員などの専門家がわかりやすく解説する。小中学生が大学教授を初めて身近に感じる機会と言っていい。

「世界一受けたい授業」は２００４年にスタートした。２００７〜09年、２０１８〜22年の同番組に出演した大学教員は次のとおり。東京大７人、慶應義塾大４人、東京農業大４人、京都大３人、青山学院大３人、千葉大３人、東京医科歯科大３人、明治大３人。江戸川大教授で人類学者の斗鬼正一《ときまさかず》さんは２０００年代後半、「世界一受けたい授業」の常連出演者で、１９９０年に開学した大学の知名度向上に一役買っていた。最近では、常葉《とこは》大教授の久保明さんが「サプリメントに関するみんなの疑問を医師が解決！」（２０２３年３月）、東京大教授の染谷隆夫さんが「電子人工皮膚」（22年６月）、千葉大准教授の矢口貴志さんが「カビの生えやすい家・生えにくい家」（22年５月）をテーマに出演している。

「世界一受けたい授業」で講師をつとめた大学教員

4人以上
東京大、慶應義塾大、東京農業大
2、3人
千葉大、東京医科歯科大、東京芸術大、青山学院大、杏林大、明治大、京都大、早稲田大、立命館大
1人
北海道教育大、札幌医科大、東北大、東北芸術工科大、筑波大、自治医科大、東日本国際大、江戸川大、玉川大、東京海洋大，東京農工大、亜細亜大、恵泉女学園大、順天堂大、上智大、昭和女子大、東京慈恵会医科大、東京女子医科大、東京未来大、東京理科大、東洋大、日本大、日本医科大、文京学院大、明治大、関東学院大、常葉大、新潟大、同志社大、大阪府立大、大阪学院大、大阪国際大、関西大、関西福祉科学大、近畿大、羽衣国際大、神戸国際大、神戸常盤大、兵庫医科大、徳島文理大、九州大、琉球大

2007〜09年、2018〜22年の同番組に出演。番組ウェブサイトから集計、作成

「朝まで生テレビ」出演者の変遷

討論番組としては、かつてのような勢いはなくなったが、ときおり物議を醸す発言がネットで話題になる。『朝まで生テレビ』は1987年にスタートした。四半世紀続くなかで、多くのスター教授を生み出した。保守系は藤岡信勝さん（東京大）、渡部昇一さん（上智大）、リベラル系では30代だった宮台真司さん（東京都立大）、香山リカさん（立教大）が血気盛んに発言していた。2001年から2022年まで、出演者の所属大学を集計してみた。拓殖大92人、東京大88人、慶應義塾大71人、同志社大36人、獨協大29人、早稲田大24人、東海大21人、東洋大20人となっている。

拓殖大を引っ張ってきたのは同大学総長をつとめた森本敏《さとし》さんだ。2000年に初登場して2019年まで79回パネリストをつとめた。朝生史上最多出場者となる。同校はほかに井尻千男《かずお》さん、荒木和博さん、重村智計《としみつ》さん、秦郁彦《はたいくひこ》さんなど歴史認識に一家言持つ面々がそろっていたが、慶應義塾大は浅野史郎さん、金子勝さん、岸博幸さん、竹中平蔵さん、小林慶一郎さんなど、情報系番組では顔なじみのメンバーがそろっていた。2022年は廣瀬陽子さんがウクライナ問題で発言している。獨協大は森永卓郎さんの独壇場となった。2007年から15年間で28回出演している。

「朝まで生テレビ！」パネリストの大学教員（2001～2022 年）

20 人以上、90 人未満
拓殖大、東京大、慶應義塾大、同志社大、獨協大、早稲田大、東海大、東洋大
5 人以上、20 人未満
北海道大、東京工業大、立教大、高崎経済大、嘉悦大、神田外語大、帝京大、日本大、大阪経済法科大、明治大、桐蔭横浜大、麗澤大、京都大、東京都立大、名城大
2～4 人
筑波大、多摩大、静岡福祉大、京都芸術大、龍谷大、東北大、九州大、兵庫県立大、東洋学園大、神奈川大、近畿大、帝塚山学院大、大和大、国学院大、駒澤大、専修大、中央大、東京慈恵会医科大、中部大、大阪国際大、関西学院大、帝塚山大

番組ウェブサイトから集計、作成

大学以外でも先生の講義が聞ける

大学教員にキャンパス以外でだれもが会える場としては、自治体が開く公開講座、企業主催の教養教室などがある。政治、経済、文学の読み解き、語学の学習、ダンスやヨガの習得などさまざまなメニューが用意されている。講師は大学をリタイアした名誉教授が多いが、現役の第一線で活躍する教授や若手准教授も少なくない。大学の役割として大学教員が地域住民に専門分野をわかりやすく解きほぐす。こうした様子を知るため、朝日カルチャーセンターで講師をつとめる大学教員を調べてみた。

朝日カルチャーセンターは関東、関西、名古屋、福岡の全国11カ所で教室を開いている。そのうち新宿、中之島、名古屋、福岡の4教室合わせて約2900講座を集計してみた。上位校は東京大17人、九州大14人、早稲田大10人、京都大6人、大阪大6人、名古屋大5人、慶應義塾大4人、愛知学院大4人となっている。

講座をいくつか紹介しよう（「　」は講師による講座案内）。

神奈川大教授の的場昭弘さんのテーマは「マルクスとスラブ民族」という骨太の内容だ。「特に問題になるのは、ロシアですが、ロシアといえばロシア革命の祖国で、マルクス主義を標榜《ひょうぼう》する国家が初めて成立した国です。しかし、マルクスはそのロシアのスラブ民族を評価していませんでした。その理由は、ポーランド問題にありました。ポーランドを支配するロシア、そのロシアは民主主義に対する野蛮の象徴だと考えていたのです」。

東京都立大教授の木村草太さんは、社会学者の大澤真幸さんと「憲法と社会」をテーマに憲法9条について講じる。「「侵略の前科に対する戒め」と「国際社会の普遍原理の表現」という二つの見方があります。前半では、どちらの見方をとり、この条項についてどのように考えてゆけばよいのか」と、投げかける。

神戸市外国語大准教授の山本昭宏《あきひろ》さんは「大阪らしさ」を説く。「私たちが「大阪らしい」と感じるものは、いつどのように発明され、強調されたのだろうか。戦後日本は「第二の都市」に何を期待したのだろうか。この問いに答えることは、現在の私たちが大阪をどのように理解しているかを知るための手がかりとなるだろう」には、惹《ひ》かれる。

同志社大准教授の浜中邦弘《くにひろ》さんのテーマは「キリシタンと京都　信長・秀吉、そして家康」だ。「織田信長によって、みやこである京都の地に、キリシタンの教会が造営されました。以後、みやこにおけるキリスト教の布教は、時の為政者によって翻弄されていきます。そして、島原の乱をもって、日本でのキリスト教の布教活動は終焉《しゅうえん》をむかえることとなるのです。戦国武将として誰もがその名を知る信長、秀吉、そして家康の時代は、どのようなものだったのでしょう」。大河ドラマに便乗した企画だ。

　福岡大准教授の城野一憲さんは「憲法に見る日本の女性天皇」を次のように解説する。

「男性皇族の数が減少しているため、男性だけではなく、女性も皇位を継承できるようにするべきという議論があります。この講座では、まず、近代立憲主義の憲法の特徴について学び、次に、大日本帝国憲法と日本国憲法というふたつの近代憲法における天皇制について学びます。その上で、２００５年と２０２１年の皇位継承に関する政府有識者会議における議論状況もふまえながら、憲法学の視点から女性天皇について考えていきたいと思います」。

　亜細亜大講師の岡口良子さんはヒンディー語、大東文化大准教授の小池剛史《たけし》さんはウェールズ語、関西学院大学准教授の三津間康幸さんはアラム語を講じる。

　慶應義塾大教授の藤谷道夫さんは「ダンテ「神曲」を読み解く」、専修大学教授の伊藤博明さんは「ヨーロッパのオカルト思想」、白百合《しらゆり》女子大教授の井上隆史さんは「遠藤周作「深い河」と三島由紀夫「豊饒《ほうじょう》の海」」、名古屋大教授の杉谷健一郎さんは「原始地球の姿と生命」、愛知県立大学長の久冨木原玲《れい》さんは「源氏物語の謎」、太成学院大教授の黒川正剛さんは「聖女と魔女」を担当する。

　なるほど、テーマを読んだだけで、引き込まれてしまう。大学ではこういうことも学ぶの

朝日カルチャーセンターで講師をつとめる大学教員（新宿、名古屋、中之島、福岡）

5人以上、18人未満

東京大、九州大、早稲田大、京都大、大阪大、名古屋大

3、4人

慶應義塾大、愛知学院大、東京外国語大、学習院大、上智大、大東文化大、日本大、明治大、愛知県立大、京都橘大、福岡大

2人

青山学院大、駒澤大、白百合女子大、専修大、中央大、東洋大、日本女子大、法政大、立教大、中部大、名城大、京都芸術大、同志社大、花園大、立命館大、関西学院大、奈良大

1人

東北芸術工科大、東北学院大、群馬県立女子大、駿河台大、獨協大、淑徳大、お茶の水女子大、東京芸術大、東京工業大、東京都立大、亜細亜大、工学院大、国際基督教大、国士舘大、成蹊大、成城大、高千穂大、多摩美術大、帝京大、東海大、東京音楽大、東京女子大、東京理科大、桐朋学園大、武蔵大、明治学院大、明星大、立正大、横浜国立大、神奈川大、関東学院大、鶴見大、横浜商科大、金沢大、山梨大、岐阜聖徳学園大、静岡文化芸術大、愛知淑徳大、椙山女学園大、同朋大、名古屋外国語大、京都工芸繊維大、京都府立大、京都女子大、佛教大、龍谷大、大阪教育大、大阪公立大、大阪大谷大、大阪芸術大、関西大、神戸松蔭女子学院大、太成学院大、帝塚山学院大、桃山学院大、神戸市外国語大、園田学園女子大、山口大、徳島大、福岡教育大、西南学院大、西南女学院大、筑紫女学園大、長崎県立大

2022年、朝日カルチャーセンターのウェブサイトから集計、作成

かとわかる。大学で何を勉強したいかイメージがわかない、関心があるテーマがわからない、そういう受験生には、学問ガイドとして、公開講座は案外、機能するものである。

第9章　研究最前線から大学をみる――ノーベル賞に近い学者たち

世界的に価値ある高被引用論文はどこが多い

ノーベル賞は社会に大きなインパクトを与える業績を示した研究者に与えられる。世の中を大きく変える人たちと言っていい。たとえば、山中伸弥さんが手がけたｉＰＳ細胞によって多くの人の命が救われることが期待される。ノーベル賞受賞者は優れた論文を発表し、多くの研究者に引用されてきた。その研究者に対する評価は論文によって決まる。引用される回数が多い論文は、新しい発明、発見の基礎あるいはきっかけを作ったということになる。こうした論文情報を収集、分析して、研究情報として提供している調査会社がある。イギリスに本社があるクラリベイト社だ。

クラリベイト社は「高被引用論文」のランキングを発表している。高被引用論文とは、研究分野と出版年で調整し被引用数が世界上位1％に入る論文をいう。前出、山中さんの論文はノーベル賞受賞以前、ｉＰＳ細胞の発見が世界中に衝撃を与えたころ、高被引用論文に数えられていた。

クラリベイト社では毎年、科学を22分野に分け、それぞれの分野での高被引用論文数などからHigh lyCited ResearchersTM（高被引用論文著者）を国や地域、大学や研究所など所属機関に発表している。

最新の２０２２年のデータによれば、高被引用論文著者は69の国や地域から７２２５人が選ばれた。１位アメリカ２７６４人、２位中国１１６９人、３位イギリス５７９人となっている。日本からは90人が選ばれた（複数分野は重複カウント）。機関別では１位ハーバード大２３３人、２位中国科学院２２８人、３位スタンフォード大１２６人だった。日本では東京大９人、京都大８人、東北大６人、大阪大、慶應義塾大各３人など。ほかに岡山大、近畿大、信州大、室蘭工業大、九州大、九州工業大、群馬大、岐阜大、香川大、高知工科大、順天堂大、上智大などが並ぶ。東北大では大野英男、加藤寧、金本圭一朗《けいいちろう》、前田浩、山本雅之《まさゆき》、Fadlullah Zubair Md. の６氏が選ばれている。大野氏は２０１８年から東北大総長をつとめている。

２０２１年はどうだっただろうか。高被引用論文執筆者は６６０２人を数えた。国・地域別では、１位アメリカ２６２２人、２位中国９３５人、機関別では１位ハーバード大２１４人、２位中国科学院１９４人と続く。日本は89人となっており、東京大13人、東北大６人、

高被引用論文の数（全分野　2012〜2022 年）

500 以上
東北大、東京大、京都大、大阪大
300 以上、500 未満
名古屋大、九州大、北海道大、筑波大、東京工業大
100 以上、300 未満
千葉大、東京医科歯科大、東京都立大、慶應義塾大、順天堂大、早稲田大、総合研究大学院大、横浜市立大、新潟大、金沢大、信州大、大阪公立大、近畿大、神戸大、岡山大、広島大、熊本大
70 以上、100 未満
自治医科大、帝京大、東海大、東京慈恵会医科大、東京女子医科大、東京理科大、藤田医科大、長崎大

クラリベイト社の資料をもとに作成

京都大5人などだ。

「ネイチャー」「サイエンス」に掲載されるすごさ

2023年1月、東京大はウェブサイトでこんな告知を出した。2022年10月刊行の「ネイチャー」に同校教員らの論文が掲載されており、それを伝えたかったようだ。

「東京大学藤井総長らの研究チームの研究論文が、令和4年10月20日付けの総合学術誌『Nature』（電子版）に掲載されました。（略）「DNAコンピューティング」では、一般的なコンピュータで用いる0と1を、4種類の塩基ATCGで表現し、DNA分子の生化学反応をとおして演算を行います。今回、miRNA分子を入力する新たな計算回路として、「分子ニューラルネットワーク」を構築することに成功しました。（略）本研究に基づく手法で分子ニューラルネットワークを設計することで、低侵襲診断技術の実用化につながることが期待されます」（1月20日）。

専門用語が並んでいるので補足しよう。「miRNA」とは、20塩基程度（6nm前後）の長さを持つ、小さなRNAである。タンパク翻訳機能を持たないが、遺伝子発現の調整を行う重要な役割を担っている。「低侵襲診断技術」とは、外科手術で所要時間を正確に制御するこ

高被引用論文の数（分野別　2012〜2022年）

物理

60本以上、430本未満
東北大、筑波大、東京大、東京工業大、東京都立大、名古屋大、京都大、大阪大、九州大

工学

10本以上、60本未満
東北大、筑波大、東京大、東京工業大、東京都立大、慶應義塾大、名古屋大、京都大、大阪大、九州大

神経科学、行動学

10本以上、40本未満
東北大、福島県立医科大、筑波大、千葉大、東京大、新潟大、名古屋大、京都大、大阪大

社会科学、一般

7本以上、25本未満
東北大、筑波大、千葉大、東京大、東京医科歯科大、京都大、九州大、長崎大

クラリベイト社の資料をもとに作成

とで出血を少なくできる、そして傷つける範囲を小さく不要な傷口を作らないことをいう。つまり、東京大の藤井輝夫総長らの論文は、外科手術の発展を促す内容といえる。

「ネイチャー」に論文が掲載されたことを東京大がわざわざ発表する。それだけ同誌が科学の世界でたいへんな権威を持っているからだ。もう一つの科学誌「サイエンス」とともに、どれほどの権威を持っているのだろうか。

「ネイチャー」と「サイエンス」は週刊の科学専門誌であり、数学、物理学、化学、材料科学、生命科学、地球科学、宇宙科学など、科学のあらゆる分野を網羅している。投稿された学術論文は、編集部での審査の後、各学術分野のエキスパート数名による審査（いわゆる「ピアレビュー」）を経て雑誌に掲載される。二誌は科学専門誌のなかでも際立って審査が厳しく、投稿論文の1％程度しか掲載にいたらない、とまでいわれている。

「ネイチャー」は1869年にイギリスで創刊された。X線の発見、核分裂反応、DNAの構造など論文を掲載している。「サイエンス」は1880年にアメリカで誕生した。トーマス・エジソンなどの資金援助があったと言われ、アルバート・アインシュタインの重力レンズの研究、エドウィン・ハッブルの銀河に関する論文が掲載された。

なるほど、このようなノーベル賞級の研究を発表した科学誌は科学界からたいへんな信頼

「ネイチャー」への執筆本数（2013〜2022年）

60本以上、250本未満
東北大、東京大、京都大、大阪大
20本以上、60本未満
北海道大、筑波大、東京医科歯科大、東京工業大、慶應義塾大、名古屋大、神戸大、岡山大、広島大、九州大
10本以上、20本未満
山形大、群馬大、千葉大、東海大、東京女子医科大、東京理科大、東邦大、日本大、立教大、早稲田大、横浜市立大、北里大、新潟大、金沢大、信州大、藤田医科大、京都産業大、近畿大、徳島大、愛媛大、熊本大、宮崎大、琉球大

「サイエンス」への執筆本数（2013〜2022年）

50本以上、250本未満
東北大、東京大、名古屋大、京都大
10本以上、50本未満
北海道大、筑波大、千葉大、東京工業大、慶應義塾大、立教大、大阪大、神戸大、岡山大、広島大、高知大、九州大

朝日新聞出版『大学ランキング2024』の掲載記事をもとに作成

を受けるはずだ。大学にすれば教員の論文が載ったことはたいそうな誇りだし、自慢になる。

２０２１年9月、中央大理工学部教授のホーテス・シュテファン（ドイツ出身）の論文（共著）が「ネイチャー」に掲載された。大学はすぐに告知する。「各地の気候状況下にて、枯死木から排出される炭素の量や枯死木が分解される過程において昆虫がどのような役割を果たすのか、をテーマに研究し、その研究成果を記した論文」（大学ウェブサイト21年9月2日）である。外国人教員が優れた研究に取り組むことで、日本の大学が世界中から評価され、世界ランキングの順位向上にも寄与する。大学のグローバル化は教育、研究分野で活性化をもたらしてくれよう。

２０１９年、大阪市立大大学院理学研究科の緒方一介《かずゆき》准教授が共同研究者の一人として参加した論文が、「ネイチャー」（19年5月）に掲載された。論文のテーマは「ニッケル78原子核（78Ni）の二重魔法性」。緒方准教授が語る。「教科書の内容が、最先端の研究の進展と共に書き換えられていく様子を端から見ていて、研究の世界の凄《すご》さを見せつけられたものです」（同大学ウェブサイト）。

２０１８年、京都府立大は高原光教授らのグループの研究成果が「サイエンス」（18年8月31日号）に掲載された際、こう伝えた。「将来予想される気候温暖化が地球全体の植生に及ぼす影響が、同程度の温暖化がおきた過去（最終氷期から完新世）の植生変化との初めての地球規模の比較により明らかになりました」（大学ウェブサイト）。

教科書の内容が書き換えられる。そんなすごい研究に取り組む大学で勉強したい。わくわくする世界ではないか。

企業と一緒に研究するよさ――産学連携

大学と企業が協力して基礎研究を極める。新しい技術を開発することを産学連携という。研究設備が整っている国立大学のほうが熱心に推進する。企業が大学に食い込んでいるという見方もできる。たとえば、大阪大にパナソニック基盤協働研究所、京都大にパナソニック先進共同研究部門、名古屋大にはパナソニック産学協同研究部門がある。名古屋大はほかにもトヨタ先端パワーエレクトロニクス産学協同研究部門（トヨタ自動車）、コベルコ科研インフォアナリシス産学協同研究部門（神戸製鋼）、半導体ナノプロセス研究部門（東京エレクトロン）などを設置し、企業の技術を採り入れている。トヨタで自動車を作りたいと思う高校生には、大学選びの指標にはなる。もっとも産学連携において大学が企業の利益アップだけに利用されないよう、各大学で「研究とは何か」という倫理面を説くルールを作っている。

一方、軍事兵器につながる産学連携を懸念する声があがっている。それはダメという大学がある。そもそも軍事研究は認めないとしているからだ。

京都大はこう宣言している。「本学における研究活動は、社会の安寧と人類の幸福、平和へ貢献することを目的とするものであり、それらを脅かすことに繋《つな》がる軍事研究は、これを行わないこととします」（大学ウェブサイト）。

大学が特許をもつことの意味

特許という言葉は堅苦しく、それを侵害すると罰せられるというこわいイメージが持たれる。発明と言いかえれば、夢とロマンを感じる。発明は斬新なアイデア、多くの人たちの協力などによってもたらされるからだ。お金はかかる。失敗の連続で誕生した発明にはさぞ歓喜の声をあげたことだろう。だが、盗まれてしまい、それを自分たちが使えなくなったら元も子もない。大変な損失になる。そこで、その発明は自分たちが初めて行ったのだから、ほかの人が勝手に使えないことを法的に認めてもらわなければならない。それが特許の考え方だ。発明を独占的に使用する権利を特許権という。第三者が一定のライセンス料（使用料、実施料）を支払えば、特許を利用して商品開発ができる。その際のライセンスの件数を「特

民間企業からの研究資金等受入額（共同研究・受託研究、知的財産など）

70億円以上、170億円以下

東京大、大阪大、京都大、東北大

20億円以上、70億円未満

北海道大、筑波大、東京工業大、慶應義塾大、順天堂大、早稲田大、名古屋大、九州大

10億円以上、20億円未満

千葉大、東京医科歯科大、北里大、金沢大、大阪市立大、神戸大、岡山大、広島大

民間企業との共同研究実施件数

1200件以上、2000件未満

東北大、東京大、京都大、大阪大

600件以上、1200件未満

北海道大、東京工業大、慶應義塾大、早稲田大、名古屋大、神戸大、九州大

300件以上、600件未満

筑波大、千葉大、東京農工大、金沢大、信州大、岐阜大、名古屋工業大、岡山大、広島大、熊本大

2021年　経済産業省の資料をもとに作成

許権実施等件数」、ライセンス料の収入を「特許権実施等収入」という。「特許権実施等件数」で上位の関東学院大は、スマホなど小型電子デバイスに使用される電子回路基板を形成するめっき技術（表面工学）に強い。同校は自慢する。「電子回路での信号の伝送効率の高い方法の開発などを通じ、電子機器の『高性能化』『軽薄短小化』にも関東学院大学の研究業績が大きく寄与しています」（大学ウェブサイト、2023年2月13日）。子供のころの、発明というわくわく感をかなえる大学を知るには、特許件数を調べてみるといい。

人文系は学術賞、文化賞に注目

ノーベル賞クラスの自然科学系研究者はその実績から世の中にどれだけ大きなインパクトを与えたかがわかる。では、人文社会科学系研究者はどうだろうか。病気を治す、生活必需品を作ることにつながる研究成果を示すわけではない。しかし、法律、政治、経済、文化などを発展させる理論を築き、私たちの生活に大きく貢献していることを忘れてはならない。

優れた人文社会科学系研究者を示す指標の一つに学術賞、文化賞の受賞実績がある。

たとえば、サントリー学芸賞は中堅や若手研究者にとって登竜門的であり、毎日出版文化賞はベテラン研究者の業績が称えられている。

知的財産権等収入

5 億円以上、10 億円未満
東京大、順天堂大、京都大、大阪大
1 億円以上、5 億円未満
北海道大、東北大、東京医科歯科大、関東学院大、名古屋工業大、名古屋大、神戸大、九州大

特許権実施等件数

1200 件以上、4300 件未満
北海道大、東京大、京都大、大阪大
500 件以上、1200 件未満
東北大、東京工業大、慶應義塾大、関東学院大、名古屋大、九州大
200 件以上、500 件未満
筑波大、千葉大、東京医科歯科大、早稲田大、東京理科大、富山大、金沢大、信州大、神戸大、岡山大、広島大

2021 年　経済産業省の資料をもとに作成

両賞受賞者を合わせて集計してみた。受賞時の所属先上位校は、東京大79人、大阪大23人、京都大21人、慶應義塾大12人、神戸大12人、北海道大8人、名古屋大8人となっている。サントリー学芸賞受賞は壮観である（カッコ内は受賞年）。その代表格が、「戦後初、学者からの日銀総裁」となった植田和男（1982年）だろう。青木昌彦（85年）はノーベル賞候補となった。ほかに野口悠紀雄（1980年）、西部邁《すすむ》（84年）、中沢新一（84年）、猪木武徳（87年）、養老孟司《たけし》（89年）、上野千鶴子（94年）、沼野充義（2002年）、苅谷《かりや》剛彦《たけひこ》（05年）、大竹文雄（05年）、柴田《しばた》元幸（05年）、宇野重規（07年）など大御所がそろう。

学長になった受賞者もいる（カッコ内は受賞年　学長に就任した大学）。阿部謹也《きんや》（1980年　一橋大）、中嶋嶺雄《みねお》（81年　東京外国語大、国際教養大）、猪口《いのぐち》孝（82年　新潟県立大）、吉川洋（84年　立正大）、島田晴雄（89年　千葉商科大）、鷲田《わしだ》清一（89年　大阪大、京都市立芸術大）、村田晃嗣《こうじ》（99年　同志社大）、田中優子（2001年　法政大）などだ。

受賞時は就任したばかりの大学でのちに他大学に移った学者がいる（カッコ内は受賞年　↓は大学の移動）。

佐伯啓思《けいし》（1985年　滋賀大↓京都大）、北岡伸一（87年　立教大↓東京大）、原武史（98年　山梨学院大↓明治学院大）、鹿島茂（91年　共立女子大↓明治大）、隠岐《おき》さや香（2011年　広

毎日出版文化賞、サントリー学芸賞を受賞した大学教員（1979〜2022年）

20人以上、80人未満

東京大、大阪大、京都大

6人以上、20人未満

慶應義塾大、神戸大、北海道大、名古屋大、筑波大、法政大、東北大、東京工業大、一橋大、広島大

3〜5人

東京芸術大、東京都立大、東海大、九州大、東京外国語大、明治学院大、立教大、立命館大、関西大、青山学院大、学習院大、上智大、成城大、多摩美術大、和光大、早稲田大、京都芸術大、龍谷大

1、2人

大阪市立大、弘前大、埼玉大、東京海洋大、駒澤大、東京経済大、武蔵野美術大、明治大、富山大、京都産業大、京都精華大、同志社大、北九州市立大、琉球大、大阪府立大、鳥取環境大、小樽商科大、札幌大、北海学園大、仙台大、東北芸術工科大、茨城大、群馬大、女子栄養大、千葉大、敬愛大、麗澤大、お茶の水女子大、学習院女子大、共立女子大、国立音楽大、国学院大、国際基督教大、実践女子大、昭和大、専修大、玉川大、中央大、津田塾大、帝京大、東京農業大、桐朋学園大、東洋大、日本大、日本獣医生命科学大、日本女子大、関東学院大、北里大、金沢大、山梨大、山梨学院大、長野大、静岡県立大、名古屋工業大、愛知県立大、中京大、中部大、皇学館大、滋賀大、京都市立芸術大、京都府立大、京都先端科学大、大阪産業大、近畿大、帝塚山学院大、阪南大、兵庫県立大、関西学院大、甲南大、奈良大、岡山大、山口大、香川大、愛媛大、松山大

毎日出版文化賞、サントリー学芸賞のウェブサイトから集計、作成

島大→名古屋大→東京大）、塩出浩之《ひろゆき》（16年　琉球大→京都大）などである。

著名な学者が若かりしころに学術賞を取った当時、地方大学や私立大学というケースが見られる。それほど有名でない大学であっても、若手学者にとっては研鑽《けんさん》の場である。学生にすれば兄貴分のような存在から最新の知を得られる。

なお、サントリー学芸賞、毎日出版文化賞の両方を受賞した学者には上記の原、塩出の2氏のほか、山内昌之（東京大）、中島琢磨（龍谷大）、田中久美子（東京大）、田中純（東京大）、藤森照信（東京大）がいる。

第10章　卒業生がすごい——大学のブランド力を築き上げる

政治家になる道はさまざま

政治家（国会議員、首長、都道府県市区町村の議会議員）は日本国民で、ある年齢以上に達すればだれでもなれる。衆議院議員、都道府県市区町村の議会議員は満25歳以上、参議院議員、都道府県知事は満30歳以上が条件だ。もちろん、学歴は問わない。だが、国会議員については9割以上は大学出身者となっている。

国会議員になる方法はさまざまだ。いくつか例をあげよう。①親や親族の地盤を継いだ2世や3世、②官僚出身、③地方議会や首長出身、④企業からの転身など。

2世や3世の場合、大学卒業後、いったん企業に就職してから親族の議員（父、伯父）の秘書になり、その後、親族が高齢などで引退してから立候補するケースだ。岸田文雄総理は早稲田大卒業後、日本長期信用銀行（現、新生銀行）で約5年働くが、父で衆議院議員岸田文武の秘書となり、国会議員となった。2世や3世は慶應義塾大出身がやたら目に付く。このうち親族が総理経験者に中曽根康隆、福田達夫、橋本岳、岸信夫がいる。また親族に大臣経験者がいる加藤鮎子《あゆこ》、船田元、河野太郎、石原宏高《ひろたか》、奥野信亮《しんすけ》、高村正大、御法川《みのりかわ》信英などもも慶應出身だ。高村は電通、御法川は秋田銀行に勤務したあと父の秘書となり国会議員になっている。

官僚出身では東京大卒が圧倒的に多い。加藤勝信、玉木雄一郎、後藤茂之《しげゆき》、齋藤健、片山さつき、古川元久（大蔵省、財務省）。岡田克也《かつや》、江田憲司、棚橋泰文、鈴木隼人《はやと》（通商産業省、経済産業省）、城内実、松川るい（外務省）、小川淳也《じゅんや》（自治省、総務省）などだ。

地方議会や首長出身では早稲田大、法政大、明治大、中央大などに見られる。総理経験者では野田佳彦《よしひこ》（早稲田大）が千葉県議会議員、菅義偉《すがよしひで》（法政大）が横浜市議会と神奈川県議会議員をつとめた。二階俊博（中央大）は和歌山県議会議員、萩生田《はぎうだ》光一（明治大）は八王子市議会議員と東京都議会議員、下村博文（早稲田大）は東京都議会議員を経験している。彼らは地方議会議員時代に培った党運営のあり方、選挙戦術を身につけ、地元ではたたき上げで泥水をすすった経験から幅広い人脈をもち、情報通として政界ににらみを利かせている。

企業からの転身は少数派だ。茂木《もてぎ》敏充《としみつ》は丸紅、読売新聞社、マッキンゼー・アンド・カンパニーを経て国会議員となった。赤羽一嘉（慶應義塾大）は三井物産、小倉將信《まさのぶ》（東京大）は日本銀行、長妻昭（慶應義塾大）は日本電気に勤務していた。古本伸一郎（立命館大）と濱

全国会議員

60 人以上、90 人未満
東京大、慶應義塾大、早稲田大
10 人以上、60 人未満
青山学院大、上智大、専修大、創価大、中央大、日本大、法政大、明治大、京都大
2~4 人
北海道大、北海道教育大、東北学院大、筑波大、埼玉大、千葉大、東京医科歯科大、東京工業大、国学院大、国際基督教大、成城大、聖心女子大、拓殖大、帝京大、明治学院大、新潟大、信州大、愛知大、龍谷大、大阪大、鳥取大、北九州市立大、長崎大、熊本大

国会議員・自民党

40 人以上、90 人未満
東京大、慶應義塾大、早稲田大
10 人以上、40 人未満
中央大、日本大、明治大、京都大
2 人以上、10 人未満
北海道教育大、北海学園大、東北大、獨協大、東京医科歯科大、一橋大、青山学院大、学習院大、国学院大、国際基督教大、上智大、成城大、聖心女子大、専修大、東海大、東京農業大、法政大、明治学院大、立教大、神奈川大、名古屋大、南山大、神戸大、関西学院大、鳥取大、九州大

国会議員・立憲民主党

10 人以上、25 人未満
東京大、慶應義塾大、早稲田大
2 人以上、10 人未満
東北大、青山学院大、国際基督教大、上智大、中央大、帝京大、日本大、法政大、明治大、立教大、新潟大、京都大、同志社大、九州大

2022 年　国会議員のウェブサイトから集計、作成

口誠（筑波大）はトヨタ自動車で労働組合に関わっている。

将来、政治家をめざすにあたって大学で何を学んだらいいか、政治、経済、法律など関心があるテーマに取り組む一方で、国会議員や地方議会議員のもとでインターンシップを行うなど、政治に近いところに身を置くという手もある。

社長と大学名は関係あるのか

時代の寵児。

IT系企業を起こし事業拡大に成功した人たちはこう呼ばれていた。彼らの出身校はさまざまだ。大学では起業家を目指して学んだというわけではない。しかし、在学中の体験が役に立ったことだけは確かだろう。それが負の内容であったとしても。

1990年代以降の起業家の出身校を見てみよう。楽天の三木谷浩史（一橋大）、DeNAの南場智子《ともこ》（津田塾大）、メルカリの山田進太郎（早稲田大）、サイバーエージェントの藤田晋《すすむ》（青山学院大）、クックパットの佐野陽弘《あきみつ》（慶應義塾大）、グリーの田中良和、サイボウズの高須賀宣《とおる》（広島工業大）、光通信の重田康光（日本大）などだ。

昭和の時代までさかのぼって起業家を追いかけてみると、ドン・キホーテの安田隆夫（慶

社長の出身――全企業

1万人以上、2万1000人未満
日本大、慶應義塾大、早稲田大
3000人以上、1万人未満
東京大、青山学院大、専修大、中央大、東海大、法政大、明治大、立教大、同志社大、立命館大、関西大、近畿大、福岡大
2000人以上、3000人未満
北海道大、駒澤大、東京理科大、東洋大、神奈川大、愛知学院大、名城大、京都大、大阪大、関西学院大、甲南大、九州大
1300人以上、2000人未満
東北大、東北学院大、千葉大、学習院大、国士舘大、芝浦工業大、上智大、成蹊大、拓殖大、帝京大、東京経済大、東京農業大、日本歯科大、明治学院大、名古屋大、京都産業大、大阪工業大、神戸大、岡山大、広島大、九州産業大

2022年　東京商工リサーチの資料をもとに作成

應義塾大）、ワタミの渡邉美樹（明治大）、ファーストリテイリングの柳井正（早稲田大）、アパホテルの元谷外志雄（慶應義塾大）、ジャパネット高田の髙田明（大阪経済大）などがいる。なお、アパホテルは長男の元谷一志《いっし》（学習院大→住友銀行）、ジャパネット高田も長男の高田旭人《あきと》（東京大→野村證券）が社長職を継いでいる。

一部上場の大企業トップ（社長、ＣＥＯ）では、新卒で入社して順調に出世の階段をのぼりトップになった者が多い。

商社では、三菱商事の中西勝也（東京大）、住友商事の兵頭誠之（京都大）、三井物産の堀健一（慶應義塾大）、丸紅の柿木真澄（東京大）、双日の藤本昌義（東京大）は１９８０年代に新卒で入社した社歴40年以上の強者たちだ。

自動車ではトヨタ自動車の佐藤恒治（早稲田大）、本田技研の三部《みべ》敏宏《としひろ》（広島大）、いすゞ自動車の南真介（早稲田大）、三菱自動車の加藤隆雄（京都大）は生え抜きである。日産自動車の内田誠（同志社大）は日商岩井からの転職である。

電気では日立製作所の小島啓二（京都大）、パナソニックの楠見《くすみ》雄規（京都大）、ソニーグループの吉田憲一郎（東京大）、三菱重工の泉澤清次（東京大）は会社とともに人生を送ってきた。東芝社長の島田太郎（甲南大）は新明和工業、シーメンス日本法人専務などを務めた

社長の出身――東証プライム

60人以上、160人未満
東京大、慶應義塾大、早稲田大、京都大

20人以上、60人未満
東北大、一橋大、青山学院大、中央大、東海大、東京理科大、日本大、法政大、明治大、同志社大、大阪大、関西大、神戸大、関西学院大、九州大

社長の出身――東証スタンダード

40人以上、100人未満
東京大、慶應義塾大、日本大、早稲田大

10人以上、40人未満
一橋大、青山学院大、学習院大、上智大、成蹊大、専修大、中央大、東海大、東京理科大、法政大、明治大、立教大、横浜国立大、京都大、同志社大、立命館大、大阪大、関西大、近畿大、神戸大、関西学院大、甲南大

2022年　東京商工リサーチの資料をもとに作成

あと、東芝にスカウトされている。

保険では日本生命の清水博（京都大）、東京海上日動火災保険の広瀬伸一（名古屋大）、第一生命保険の稲垣精二（慶應義塾大）がトップに登りつめている。

一方、世界有数のIT企業の日本法人社長は転職組が多い。ヤフーの川邊健太郎（青山学院大）は在学中に起業し同社へ中途入社した。グーグルの奥山真司（早稲田大）はP&Gファー・イースト・インク（現P&Gジャパン）から移ってきた。フェイスブックジャパンの味澤将宏（立命館大）は日本マイクロソフト、ツイッタージャパンなどで勤務していた。

このスポーツ選手は実はあの大卒だった！

東京オリンピック２０２０日本代表を出身大学別に集計してみた。日本体育大57人、早稲田大28人、日本大26人、筑波大24人、明治大18人、東洋大14人、法政大14人、近畿大13人、中央大13人だった。

日本体育大はさまざまな競技に代表を送り出しており、もっとも多いのが水球14人（男女合計）だった。早稲田大はトップアスリート選抜入試を行っており、その出願資格である「出願時点でオリンピックや世界選手権などの国際的レベルの競技大会への出場経験、もし

オリンピック日本代表の出身（2021年）

20人以上、60人未満

筑波大、日本体育大、日本大、早稲田大

10人以上、20人未満

中央大、東海大、東洋大、法政大、明治大、立命館大、近畿大、天理大

4人以上、10人未満

秀明大、青山学院大、慶應義塾大、国士舘大、順天堂大、大東文化大、帝京大、東京女子体育大、金沢学院大、山梨学院大、東海学院大、至学館大、中京大、大阪体育大、日本経済大

2、3人

東北福祉大、白鷗大、城西大、駿河台大、東京国際大、東京学芸大、駒澤大、大正大、東京農業大、日本女子体育大、立正大、神奈川大、新潟産業大、愛知学院大、京都産業大、同志社大、関西大、甲子園大、武庫川女子大、環太平洋大、福岡大、鹿屋体育大

日本オリンピック委員会の資料をもとに作成

くはそれに相当するレベルの競技能力を有すること」によって、世界で勝てるアスリートを受け入れてきた。同入試合格者の日本代表には、19年入学の大塚達宣（バレーボール）、畠田瞳（体操）、18年入学の須崎優衣（レスリング）などがいる。

　東京オリンピック２０２０のメダル獲得数を選手の出身大学で見ると、日本体育大9、順天堂大6、日本大6、明治大4、東海大3、早稲田大3、山梨学院大3、至学館大3となっている。日本体育大は阿部一二三《ひふみ》が柔道男子66kg級で金、混合団体で銀、妹の阿部詩《うた》が女子52kg級で金、混合団体で銀を獲得し、阿部兄妹で合わせてメダル4個となった。ボクシングで金メダルをとった入江聖奈も日本体育大だ。順天堂大のメダルはすべて体操で獲得した。

　日本大からは柔道で3人のメダリストが生まれ、4個のメダルを獲得した。向翔一郎《むかいしょういちろう》と原沢久喜は混合団体で銀、素根輝《あきら》は女子78kg超級で金、混合団体で銀だった。明治大は4個のうち3個が卓球である。水谷隼《じゅん》が混合ダブルスで金、男子団体で銅、丹羽孝希は男子団体で銅だった。至学館大はレスリング女子で4人の代表が選ばれ、うち川井梨紗子《りさこ》、友香子の姉妹、向田真優の3人が金メダリストとなった。金メダル獲得率75％は他大学を圧倒する。

　野球、サッカー、ラグビーはプロフェッショナルのアスリートが集まった世界大会が行われる。これらの日本代表には、プロ野球、Jリーグ、ラグビー・リーグワンあるいは世界の

プロ野球選手の出身

15人以上、25人未満
亜細亜大、法政大、明治大

10人以上、15人未満
東北福祉大、上武大、慶應義塾大、国学院大、創価大、東海大、東洋大、日本大、早稲田大、大阪商業大

4人以上、10人未満
富士大、仙台大、白鷗大、国際武道大、青山学院大、国士舘大、駒澤大、中央大、帝京大、東京農業大、日本体育大、立教大、立正大、新潟医療福祉大、立命館大、近畿大、関西学院大、九州共立大、福岡大、日本文理大

2、3人
星槎道都大、北海学園大、八戸学院大、東北学院大、東北公益文科大、東日本国際大、筑波大、流通経済大、東京情報大、桜美林大、専修大、拓殖大、明星大、神奈川大、桐蔭横浜大、横浜商科大、金沢学院大、山梨学院大、中京学院大、中部学院大、愛知大、中京大、中部大、京都産業大、龍谷大、大阪体育大、関西大、関西国際大、天理大、広島経済大、四国学院大、九州国際大、九州産業大、西日本工業大

2022年　各球団ウェブサイト掲載資料から作成

各リーグ（大リーグ、欧米のサッカークラブチーム）で活躍する選手が中心となる。国内3競技のプロチーム所属選手の出身大学をまとめた。上位校は世界大会（ワールドカップ）日本代表の出身大学と重なる。それぞれ見てみよう。

まず野球である。2023年WBC優勝の日本チームで活躍したメンバーは次のとおり。オリックスから大リーグに移籍した吉田正尚《まさたか》は青山学院大、横浜DeNAの今永昇太は駒澤大、牧秀悟は中央大の出身である。3校とも東都大学リーグに所属し、リーグ優勝、大学日本一の経験がある。巨人の大城卓三は首都大学リーグの東海大、阪神の中野拓夢は仙台六大学野球リーグの東北福祉大で活躍した。骨折しながら試合に出続けた源田壮亮《そうすけ》は愛知学院大、準決勝でサヨナラのホームを踏んだ周東佑京《うきょう》は東京農業大北海道オホーツク校出身だ。

サッカーでは2022年ワールドカップで三笘《みとま》薫が注目された。出身の筑波大ではあまりに抜きんでていたゆえ、同校の監督はこう話したという。「おまえの力でチームを勝たせろ。戦術三笘だ」（東京新聞22年12月4日）とそれほど三笘の技量、戦術は突出していた。ほかに早稲田大の相馬勇紀と吉田麻也《まや》、流通経済大の守田英正、法政大の上田綺世、明治大の長友佑都《ゆうと》、桐蔭《とういん》横浜大の山根視来《みき》などが活躍した。

ラグビーについて、2016年ワールドカップ日本代表の出身大学は帝京大7、東海大3、

サッカー・Jリーグの選手の出身

60人以上、70人未満
明治大、流通経済大
20人以上、60人未満
筑波大、国士舘大、駒澤大、順天堂大、専修大、中央大、日本体育大、法政大、早稲田大、桐蔭横浜大、大阪体育大、関西大、阪南大、福岡大
13人以上、20人未満
仙台大、東京学芸大、産業能率大、東洋大、神奈川大、東海学園大、びわこ成蹊スポーツ大、立命館大、関西学院大、鹿屋体育大

ラグビー　リーグワンの選手の出身

70人以上、120人未満
帝京大、東海大、明治大
30以上、70人未満
天理大、筑波大、早稲田大、同志社大、立命館大、流通経済大、大東文化大
10以上、30人未満
慶應義塾大、専修大、拓殖大、中央大、日本体育大、日本大、法政大、関東学院大、京都産業大、大阪体育大、近畿大、摂南大、関西学院大

2022年　各チームウェブサイト掲載資料から作成

拓殖大2となっている。帝京大は、坂手淳史、堀江翔太、ツイヘンドリック、姫野和樹、流《なが》大《ゆたか》、松田力也、中村亮士《りょうと》の7人。帝京大はラグビー大学選手権大会で、2009年度から2017年度まで9年連続日本一を果たした。このときのおもなメンバーがラグビー・リーグワンの主力選手になっている。東海大は日本代表キャプテンだったリーチ・マイケルを輩出した。ラグビーの伝統校、早稲田大、明治大が1人。慶應義塾大、同志社大がゼロというのはさびしい。

世界にいちばん近い大学はどこか。世界大会、ワールドカップ出場実績は参考になる。

小説家は小説を大学で学んだのか

芥川賞、直木賞の受賞者では早稲田大出身がトップだ（カッコ内は受賞年）。直木賞の朝井リョウ（2012年）は、早稲田大を受験した理由をこう話す。「堀江先生の授業を受けたいと思って志望したんです」（日本私立大学連盟「大学時報」13年7月号）。芥川賞の堀江敏幸（00年）をさしている。堀江は早稲田の学生時代、文学を講じていた平岡篤頼《とくよし》のもとで学んだ。平岡の教え子には芥川賞の小川洋子（1990年）、直木賞の重松清（2000年）と角田光代（2004年）がいる。1990年代以降、早稲田大では芥川賞受賞者に辺見庸（91

芥川賞受賞作家の出身（1935〜2022 年）

20 人以上、30 人未満
東京大、早稲田大
3 人以上、20 人未満
東北大、東京外国語大、慶應義塾大、法政大、明治大、京都大、大阪府立大
2 人
筑波大、お茶の水女子大、国学院大、武蔵野美術大、立命館大、琉球大

直木賞受賞作家の出身（1935〜2022 年）

10 人以上、40 人未満
東京大、慶應義塾大、早稲田大
3 人以上、10 人未満
東北大、山形大、国学院大、成蹊大、中央大、東京女子大、明治大、立教大、同志社大
2 人
横浜市立大、関西大、成城大、甲南女子大、立命館大、大阪府立大、一橋大、青山学院大、西南学院大

芥川賞、直木賞のウェブサイト掲載資料をもとに作成

年）、多和田葉子（92年）、保坂和志（95年）、綿矢りさ（2003年）、磯崎憲一郎（09年）、滝口悠生（15年）など、直木賞受賞者には高橋克彦《かつひこ》（91年）、乃南《のなみ》アサ（96年）、船戸与一（2000年）、三浦しをん（06年）、恩田陸（16年）などがいる。

2010年以降、早稲田大出身の芥川賞受賞は4人、直木賞は3人にとどまる。22年（上半期＋下半期）の芥川賞、直木賞受賞者の出身校は立命館大、東北学院大、関西学院大、東京大だった。才能が各大学にばらけるのはすばらしいことであり、受験生の励みにもなる。小説家になるために早稲田大に進む必要はないのだから。

俳優と大学の演劇部

2023年、女優の芦田愛菜《あしだまな》が慶應義塾大に入学した。NHK関係者によれば、2020年代中に連続テレビ小説（NHK「朝ドラ」）のヒロインになるのは確実だそうだ。芦田は若くして女優としての実績は十分であり、すでにNHK「朝ドラ」「まんぷく」（18年）でナレーションをつとめたことがある。当確間違いなしだろう。朝ドラのヒロインには慶應義塾大出身が少なくない。紺野美沙子《みさこ》（「虹を織る」1980年）、菊池麻衣子（「ふたりっ子」96年）、葵《あおい》わかな（「わろてんか」2017年）、二階堂ふみ（「エール」20年）である。また、檀《だん》ふみは

映画賞、ドラマ賞を受賞した俳優の出身

70人以上、140人未満

日本大、明治大、早稲田大

20人以上、70人未満

東京大、青山学院大、亜細亜大、学習院女子大、慶應義塾大、成城大、多摩美術大、中央大

10人以上、20人未満

東北学院大、淑徳大、成蹊大、専修大、拓殖大、玉川大、東京女子大、東洋大、法政大、明治学院大、京都芸術大、関西学院大

5人以上、10人未満

北海学園大、獨協大、東京外国語大、東京芸術大、共立女子大、産業能率大、武蔵野美術大、関東学院大、女子美術大、京都産業大、大阪芸術大、近畿大、徳島大、福岡教育大

3、4人

創造学園大、女子栄養大、千葉工業大、大妻女子大、工学院大、国学院大、上智大、聖心女子大、帝京大、東京経済大、日本体育大、日本女子体育大、横浜国立大、富山大、京都橘大、龍谷大、熊本大、南九州大

キネマ旬報、毎日映画コンクール、日本アカデミー賞、報知映画賞、日刊スポーツ映画大賞、ブルーリボン賞、TVLIFE年間ドラマ大賞、ドラマアカデミー賞、エランドール賞で主演賞、助演賞などの各賞を集計した。延べ人数（1970～2022年）。

朝日新聞出版「大学ランキング　2024」の掲載記事をもとに作成

「とと姉ちゃん」（16年）でナレーションを担当した。

最近の朝ドラのヒロインの出身大学は次のとおり。東京女子大の多部未華子（「つばさ」2009年）、東京音楽大の松下奈緒（「ゲゲゲの女房」10年）、明治大の井上真央（「おひさま」01年）、日本女子体育大の土屋太鳳《たお》（「まれ」15年）、法政大の高畑充希《みつき》（「とと姉ちゃん」16年）、学習院女子大の安藤サクラ（「まんぷく」18年）、明治学院大の上白石萌歌《もか》（「カムカムエヴリバディ」21年）などだ。

俳優の出身大学は、「日芸」こと芸術学部が看板の日本大が多い。藤竜也《たつや》、竜雷太、笹野高史、本田博太郎、石橋蓮司、真田広之《ひろゆき》、船越英一郎、田中哲司、佐藤亮太《りょうた》、中村獅童《しどう》、池松壮亮、内藤剛志、伊藤蘭、田島令子、本仮屋ユイカ、大塚寧々などを送り出した。

早稲田大も演劇サークルが盛んなゆえ主役を張る俳優を多く出している。北大路欣也《きんや》、大和田伸也、長塚京三、風間杜夫《もりお》、佐藤B作、内野聖陽、堺雅人、益岡徹、宮川一朗太、藤木直人、吉永小百合、高泉淳子、赤座美代子、高瀬春奈、室井滋、広末涼子などだ。

昨今では、大阪芸術大が個性派俳優を送り出している。筧《かけい》利夫、木下ほうか、時任《ときとう》三郎、古田新太、橋本じゅん、渡辺いっけい、羽野晶紀、藤吉久美子などである。

明治大は北野武、松重豊、向井理、山下智久、北川景子、山本美月、川島海荷などだ。

中央大では岸谷五朗と長谷川博己が学んでいた。青山学院大出身に賀来賢人、鈴木浩介、高橋克典がいる。

ときにバイプレーヤーをつとめながら主役を食ってしまう演技を見せるのが、上智大の吉田鋼太郎、東京理科大のムロツヨシ、同志社大の生瀬勝久、立命館大の段田安則、関西学院大の豊川悦司である。

国立大学出身者では東京大の香川照之、京都大の辰巳琢郎と山西惇《あつし》、信州大の佐藤二朗と野間口徹、神戸大の佐々木蔵之介がいる。在学中での劇団経験者が多い。

大学が俳優のカラーを作るのか。俳優が大学のカラーを示すのか。卒業生の役作りは、大学のイメージにほんの少し影響を与えるかもしれない。

第11章　ジェンダーへの取り組み――女子学生、女性教員がはばたく

女子学生が元気だ

２０２３年、東京大の女子入学者数が初めて2割を超えた。しかし、まだまだ不十分であろう。東京大がライバル視したい世界のトップ校――ハーバード大、スタンフォード大、オックスフォード大などでは男女比はほぼ半々だからだ。日本で女性が活躍できる社会を作るために、多くの女性がリーダーシップをとっていくことが重要だ。そのためには、エリートと称される大学でより多くの女性が高度な知識、技術を習得する、そんな状況が生まれることを期待したい。私立大学で女性が半数を超えるのは上智大62・0％、立教大56・1％、関西学院大50・5％、青山学院大50・3％などだ。これらはミッションスクールで、もともと女子に人気はあったが、昨今では法、経済、経営系学部の女子比率が高くなっている。上智大法学部60・2％、青山学院大国際政治経済学部51・6％、立教大経営学部50・5％などだ。文、外国語系の学部より、ビジネスパーソン、公務員として活躍したい女性が増えたのは良い傾向だ。

女子学生比率（法、政治、政策系学部）

50％以上、61％未満

学習院大［法］、上智大［法］、中央大［総合政策］、中京大［総合政策］、南山大［総合政策］、同志社大［政策］、関西学院大［総合政策］、島根大［法文］、愛媛大［法文］、鹿児島大［法文］

女子学生比率（経済、経営、商学部）

50％以上、70％未満

青山学院大［国際政治経済］、桜美林大［ビジネスマネジメント学群］、産業能率大［経営］、東京成徳大［経営］、立教大［経営］、新潟医療福祉大［医療経営管理］、愛知淑徳大［ビジネス］、就実大［経営］、兵庫県立大［国際商経］、中村学園大［流通科学］

女子学生比率（工、理工系学部）

27％以上、38％未満

群馬大［理工］、千葉工業大［創造工］、東京農工大［工］、上智大［理工］、武蔵野大［工］、早稲田大［先進理工］、金沢工業大［バイオ・化学］、京都工芸繊維大［工芸科学］、近畿大［生物理工］

2022年　大学ウェブサイト掲載情報をもとに作成

女性応援団長が就任した大学（判明分）

小樽商科大、東北大学、東北学院大学、城西大、東京大、青山学院大学、明治大、明治学院大、同志社大、慶應義塾大学、中央大学、東海大学、京都産業大学、近畿大学、関西学院大学、同志社大学、立命館大、大阪大、西南学院大学、関西大学、北九州市立大、熊本大

女子学生比率（全学部　学生数 4000 人以上）

60% 以上、70% 未満

国際医療福祉大、上智大、明治学院大、愛知淑徳大、関西外国語大

50% 以上、60% 未満

文教大、青山学院大、桜美林大、学習院大、武蔵野大、立教大、北里大、南山大、関西学院大、西南学院大

40% 以上、50% 未満

国学院大、帝京平成大、東京農業大、東洋大、愛知大、同志社大、関西大、岡山大、福岡大

35% 以上、40% 未満

千葉大、慶應義塾大、駒澤大、専修大、大東文化大、中央大、帝京大、法政大、早稲田大、中京大、名城大、立命館大、龍谷大、神戸大、神戸学院大

30% 以上、35% 未満

日本大、明治大、神奈川大、京都産業大、大阪大、近畿大

2022 年　大学ウェブサイト掲載情報をもとに作成

キャンパスで女子学生増加はさまざまなシーンで変化をもたらせた。スポーツにおいて格闘技系はこれまで女子は少なかったが、日本体育大空手部は部員33人のうち女子21人を数える。同校ボクシング部も部員33人のうち女子15人がおり、主将は東京五輪金メダリストの入江聖奈だ。こうしたロールモデルは女子の格闘技人口を増やしてくれる。

体育会の位置づけとして男子学生が圧倒的に権勢を誇っていた集団がある。応援団だ。しかし、2010年代以降、女子学生が応援団に加わるケースが増え、創部初の女性団長誕生が相次いだ。明治大応援団は1922年に作られた。1世紀の歴史がある。しかし、1990年代に暴力事件を起こして無期限活動停止となる。その後、復活した。現在は吹奏楽部、バトン・チアリーディング部、応援指導班の3グループで構成され、団員は約100人で8割近くは女子となっている。2017年、東京六大学では初めて女性応援団長が誕生した。大学は喜んでいる。「今日では、多様性の尊重と包摂性も理念として掲げております。これらの理念を掲げる大学として、本学の学生が性別や背景に関係なく個性や能力を発揮し、自分らしく活動していることは、今回の応援指導班班長の件のみに限らず、喜ばしいこととして捉えています」(「日刊ゲンダイ」22年6月15日)。

学問、課外活動でも女子は元気だ。東京大の総長賞受賞者(22年度)3人のうち1人、慶應義塾大の塾長賞受賞者（22年度）2人とも、早稲田学生文化賞受賞者（22年度）16人のうち9人は女子だった。女子学生の比率は東京大20・1％、早稲田大38・3％、慶應義塾大36・2％なので、女子の優秀さが際立つのは嬉《うれ》しい。男子の元気のなさは情けない。

女性比率と教員の活躍

大学教員は19万6446人いる。このうち女性は5万9880人で26・7％にすぎない（2022年文科省学校基本調査）。年齢構成でみれば50代以上になると10％前後であることが推測される。この世代では女子の大学進学率が10％台だからだ。いま、女子の進学率は50％を超える。30年後、女性教員がそれに伴って半分になるかと言えばむずかしい。女性教員が教育、研究に従事できる環境が整っていないからだ。セクハラやパワハラ、女性差別などが払拭されず、育児休暇をとれるシステムは十分ではない。これは優れた人材の損失につながり、早急な改善が求められる。経済協力開発機構（ＯＥＣＤ）の調査によれば、日本の女性が高等教育機関（大学、短大、専門学校など）で働く割合は30％だった。ＯＥＣＤ平均は45％となっており、日本は最低の部類に入る。

女性教員数は大学別にみると、大阪大355人、慶應義塾大329人、昭和大328人、

女性教員数（教員数100人以上）

50%以上、75%未満

昭和女子大、聖徳大、東京医療保健大、東京家政大

30%以上、50%未満

目白大、神田外語大、川崎医療福祉大、昭和大、上智大、杏林大、帝京平成大、武蔵野大、東京女子医科大、関西外国語大、武庫川女子大

20%以上、30%未満

青山学院大、国際医療福祉大、千葉大、東京都立大、慶應義塾大、順天堂大、帝京大、中央大、東邦大、東洋大、法政大、立教大、神奈川大、名古屋市立大、中部大、京都産業大、同志社大、立命館大、関西学院大

15%以上、20%未満

筑波大、北里大、東海大、日本大、明治大、早稲田大、新潟大、金沢大、静岡大、名古屋大、藤田医科大、大阪大、大阪公立大、関西大、近畿大、岡山大、広島大、山口大、愛媛大、福岡大、長崎大、琉球大

2022年　朝日新聞出版『大学ランキング2024』の記事をもとに作成

日本学術会議の女性会員の所属大学

4人以上、8人未満

東北大、東京大、慶應義塾大、早稲田大、京都大

2、3人

北海道大、筑波大、千葉大、東京都立大、中央大、名古屋大、大阪大、九州大

1人

公立はこだて未来大、獨協医科大、埼玉医科大、一橋大、津田塾大、日本大、横浜国立大、金沢大、中部大、京都女子大、関西医科大、広島大、愛媛大、日本赤十字九州国際看護大、熊本大

2022年　日本学術会議のウェブサイト掲載情報をもとに作成

政府審議会委員に就任し女性教員の所属大学

10人以上、25人未満

東京大、一橋大、慶應義塾大、早稲田大

4人以上、10人未満

東北大、千葉大、東京海洋大、東京都立大、青山学院大、学習院大、上智大、東京女子大、東洋大、明治大、明治学院大、同志社大

2、3人

筑波大、国際医療福祉大、東京国際大、お茶の水女子大、東京外国語大、駒澤大、成蹊大、大東文化大、中央大、東海大、東京薬科大、日本大、日本女子大、法政大、立教大、横浜国立大、新潟大、名古屋大、椙山女学園大、藤田医科大、京都大、立命館大、大阪大、九州大、長崎大

2022年　各省庁のウェブサイト掲載情報をもとに作成

東京大320人、日本大316人、立命館大301人、早稲田大293人となっている。大阪大の女性教員を学部別でみると、文、外国語、人間科学、薬の4学部に多く、法、経済、理、工学部は少ない。1990年代まで女子受験生の多くが進学先として選んだ学部と相関関係がある。いま、法、経済、経営など社会科学系学部に女子が集まっている。彼女たちにはそのままアカデミズムの世界に進んでほしい。

それでも、女性教員はさまざまな分野で活躍している。

早稲田大創造理工学部の所千晴は2015年、40歳で教授に就任し、20年には日本学術会議会員となった。いずれも他の教員よりもかなり若い年代でクリアした経歴である。それだけ優秀さが証明されている。

実際にアカデミズムの世界で女性教員が学問業績を示している。サントリー学芸賞受賞者として、2015年以降、神戸大准教授の池上裕子(『越境と覇権』)、名古屋大准教授の北村陽子(『戦争障害者の社会史――20世紀ドイツの経験と福祉国家』)、青山学院大准教授の沖本幸子(『乱舞の中世』)、東京都立大教授の詫摩佳代《たくまかよ》(『人類と病――国際政治から見る感染症と健康格差』)、東京工業大准教授の伊藤亜紗《あさ》(『記憶する体』)などがいる。タイトルでも魅了される研究だ。

政府審議会委員をいくつもかけもちしている女性教員がいる。青山学院大教授の古城佳子は国際政治を講じており、外務人事審議会（外務省）、法制審議会（法務省）、関税・外国為替等審議会（財務省）、国立研究開発法人審議会（文部科学省）の委員をつとめる。東京都立大教授の峰ひろみは元東京地検の検事だ。関税等不服審査会（財務省）、宗教法人審議会（文化庁）、医道審議会（厚生労働省）、防衛人事審議会（防衛省）の委員に就任している。

女子大はどこへいく

厳しい話から始めなければならない。2023年、恵泉女学園大、神戸海星女子学院大は募集停止を発表した。恵泉女学園大は募集停止の理由について、「18歳人口の減少、とくに近年は共学志向など社会情勢の変化の中で、入学者数の定員割れが続き」としている（同大学ウェブサイト）。

女子大の多くは学生募集で苦戦している。名門とされる津田塾大、東京女子大、日本女子大も例外ではない。10年前に比べて難易度が下がった。実践女子大、昭和女子大、白百合《しらゆり》女子大、聖心女子大、共立女子大のような伝統校も定員割れを起こすことがある。これは「女子大だから」というより、「女子大には学びたい学部がなかったから」という理由が大きい。

いま、法、経済、経営、商、政策などの社会科学系、また建設など工学系を学びたいという学生が増えた。これに対応するかのように、京都女子大法学部、共立女子大ビジネス学部、昭和女子大グローバルビジネス学部、武庫川女子大経営学部、奈良女子大工学部などが作られた。24年にはお茶の水女子大共創工学部、日本女子大建築デザイン学部が設置予定だ。女子大は進路支援がしっかりしており、就職率が高い。この長所を伸ばすために、教育をどう充実させるか。女子大の生き残りそして発展の大きなポイントになる。

OGは日本を変える

政官財で女性がリーダーシップを発揮している（カッコ内は出身校）。

これまで「初の女性総理か」と言われた人が何人かいた。自民党総裁選挙に立候補した小池百合子（関西学院大）、高市早苗（神戸大）、野田聖子（上智大）、野党では立憲民主党代表だった蓮舫《れんほう》（青山学院大）などだ。ほかに、安倍晋三《しんぞう》政権時代に重用された稲田朋美《ともみ》（早稲田大）、総理を親に持つ大臣経験者の小渕優子（成城大）、岸田内閣で総理補佐官をつとめる森まさこ（東北大）などの名前が挙がる。しかし、派閥の領袖になっているわけではなく最有力候補にはならない。新たなスターを待つしかないだろう。

女子大の規模――学生数

6000人以上、9000人未満
大妻女子大、昭和女子大東京家政大、日本女子大、同志社女子大、武庫川女子大
3000人以上、6000人未満
宮城学院女子大、十文字学園女子大、聖徳大、跡見学園女子大、共立女子大、実践女子大、津田塾大、東京女子大、相模女子大、金城学院大、椙山女学園大、京都女子大、甲南女子大、神戸女子大、安田女子大
2000人以上、3000人未満
和洋女子大、駒沢女子大、聖心女子大、日本女子体育大、鎌倉女子大、女子美術大、フェリス女学院大、大阪樟蔭女子大、梅花女子大、神戸松蔭女子学院大、神戸女学院大、奈良女子大、筑紫女学園大、福岡女学院大

2022年　大学ウェブサイト掲載情報をもとに作成

女子大の実就職率

95%以上、99%未満
聖徳大、東京女子医科大、鎌倉女子大、桜花学園大、岡崎女子大
93%以上、95%未満
和洋女子大、実践女子大、昭和女子大、千里金蘭大、ノートルダム清心女子大。安田女子大、九州女子大、福岡女学院看護大

2022年　大学通信の資料をもとに作成

国会議員（女性）の出身

7人以上、15人未満
東京大、早稲田大
3、4人
国際基督教大、聖心女子大、学習院大、上智大、神戸大
2人
東北大、東京医科歯科大、青山学院大、慶應義塾大、創価大、法政大、立教大、京都大、同志社大、関西大

国家公務員総合職試験合格者（女性）の出身

20人以上、30人未満
北海道大、東京大、早稲田大
10人以上、20人未満
千葉大、慶應義塾大、京都大、立命館大、岡山大、広島大
7〜9人
岩手大、東北大、東京農工大、明治大、新潟大、名古屋大、同志社大、大阪大、神戸大、九州大

2022年　国会議員のウェブサイト掲載情報をもとに作成

女性社長の出身

200人以上、500人未満
青山学院大、慶應義塾大、東京女子医科大、日本大、早稲田大

100人以上、200人未満
東京大、東京医科歯科大、学習院大、共立女子大、上智大、昭和大、中央大、東海大、東邦大、日本歯科大、日本女子大、法政大、明治大、立教大、同志社大、大阪大、広島大、九州大、福岡大

70人以上、100人未満
北海道大、東北大、筑波大、千葉大、大妻女子大、成城大、聖心女子大、玉川大、帝京大、東京歯科大、東京女子大、東洋大、武蔵野美術大、明治学院大、北里大、鶴見大、新潟大、名古屋大、京都大、京都女子大、立命館大、関西大、近畿大、神戸大、関西学院大、武庫川女子大

60人以上、70人未満
昭和女子大、横浜市立大、神奈川歯科大、金城学院大、南山大、大阪市立大、大阪医科薬科大、大阪歯科大、関西医科大、甲南女子大、岡山大、徳島大、鹿児島大

2022年東京商工リサーチの資料をもとに作成

中央省庁でトップに登りつめた女性官僚はきわめて少ない。財務省、外務省、経済産業省などはもともと女性が少ないこともあって、幹部クラスになかなか就けない。財務省大臣官房審議官の小部春美（東京大）、経済産業省出身で特許庁長官の宗像直子（東京大）、外務省内閣官房内閣審議官の斎木尚子《なおこ》（東京大）、最近では農林水産省出身で消費者庁長官の新井ゆたか（東京大）がいる。厚生労働省は早くから女性を管理職に就けており、省庁で初めて女性事務次官が誕生している。事務次官の村木厚子（高知大）、同官房長の定塚由美子（東京大）、官房審議官の大坪寛子《ひろこ》（東京慈恵会医科大）など。

法曹では最高裁判事15人のうち女性が2人いる。渡邉惠理子（東北大）、岡村和美（早稲田大）だ。

検察において、22年東京高等検察庁に女性初の検事長、畝本直美（中央大）が就任した。あいさつでこう話す。「組織に女性がいるのは当たり前になっている。性別ではなく能力や個性に着眼して（仕事を）担当する必要がある」（毎日新聞23年1月13日）。東京高検検事長は検察ナンバー2とみなされ、検事総長にもっとも近いポジションにある。女性初の検事総長誕生が十分に期待できる。

財界はどうだろう。経済3団体のトップに女性は就いていない。経済団体連合会（経団連）の副会長にはＤｅＮＡ会長の南場智子（津田塾大）、ヴェオリア・ジャパン会長の野田由美子（東京大）が就いている。経済同友会代表副幹事には森トラスト・ホテルズ＆リゾーツ社長の伊達美和子（聖心女子大）、ボストン・コンサルティング・グループ日本共同代表の秋池玲子《れいこ》（早稲田大）、価値総合研究所会長の栗原美津枝（一橋大）が並ぶ。

一部上場企業トップとしてエステー社長の鈴木貴子（上智大）、ユーシン精機社長の小谷高代（大阪大）などがいる。ビザスクCEOの端羽英子（東京大）はゴールドマン・サックスの証券投資銀行部門で企業ファイナンスを担当、マサチューセッツ工科大でＭＢＡを取得して起業した。このようなロールモデルは羨望の的となっている。

大学も性の多様性に向き合う時代

男性、女性の違いによって仕事や家庭などで役割が決められてしまう。つまり、生物学的ではなく社会的に性によって差が生じる。これらは広くジェンダーと呼ばれている。女性という理由で不利益を受ける、こんな差別をなくす動きが世界中で広がっている。ジェンダー平等といわれる。

いま、大学でジェンダー平等に取り組むところが増えた。「ジェンダー」を冠する研究所、センターが生まれている（245頁の表参照）。

大学ではジェンダーについて次のようなテーマが扱われている。
①女性差別をなくして男女平等社会の実現
②性暴力の根絶
③キャンパス内でハラスメントを追放
④世界の多様化を尊重し、ＬＧＢＴＱへの対応
⑤性自認や性的指向への理解、トランスジェンダーへの対応
⑥恋人や夫婦間であっても性交時に性的同意を求めることを普及、啓蒙《けいもう》
などである。

２０２２年、世界経済フォーラム（ＷＥＦ）が、「The Global Gender Gap Report 2022」をまとめ、世界各国の男女格差を測るジェンダー・ギャップ指数を発表しました。日本の順位は１４６カ国中１１６位、先進国の中で最低レベル、アジアでも韓国や中国、ＡＳＥＡＮ諸国より低い。女性がどれほど大変な思いをし、性自認で悩む人たちへのケアが十分でなく、同性愛に対する偏見が払拭されない。

こうした状況を改善するためには、大学が教育、研究、社会貢献においてジェンダー平等

ジェンダーや女性学の関連研究所、センターなど

東北大ジェンダー平等と多文化共生研究センター
城西国際大ジェンダー・女性学研究所
お茶の水女子大ジェンダー研究センター
一橋大ジェンダー社会科学研究センター
青山学院大ジェンダー研究センター
昭和女子大女性文化研究所
東京女子大女性学研究所
明治大ジェンダーセンター
立教大ジェンダーフォーラム
和光大ジェンダーフリースペース
早稲田大ジェンダー研究所
フェリス女学院大ジェンダースタディーズセンター
名古屋大ジェンダーダイバーシティセンター
愛知淑徳大ジェンダー・女性学研究所
京都橘女子大女性歴史文化研究所
同志社大 F.G.S.S.
龍谷大ジェンダーと宗教研究センター
大阪公立大女性学研究センター
神戸女学院大女性学インスティチュート
奈良女子大アジア・ジェンダー文化学研究センター
福岡女子大地域連携センター女性生涯学習研究部門
琉球大ジェンダー協働推進室

をしっかり訴えておかなければならないだろう。

２０１０年代から、学生がセクシャルマイノリティ、ＬＧＢＴＱについて知り、学び、訴える行動を起こすようになった。各大学ではサークルが作られ、性の多様性を多くの人に理解してもらえるように取り組んでいる。

注目すべきは大学がオフィシャルに性の多様性を求める運動に関わっていることだ。

２０２１年、宮城学院女子大はトランスジェンダー女性の受け入れを始めた。その目的を「流動的な意味も含む女性すべてを守り、それぞれが自分らしく生きられるよう背中を押すという本学の使命」（同大学ウェブサイト）と説明する。

龍谷大は「東京レインボープライド２０２３」に学生と教職員がブースを出展し、その趣旨をこう説明する。「本学は、これまで学生と教職員が協力して「性のあり方の多様性に関する基本指針」の策定や、だれでもトイレの設置、茶話会ＳＯＧＩカフェの開催などに取り組んできました。ブースでは本学の取組を紹介し、他団体や参加者との交流を通して多様性を認めあう社会の実現を目指します」（同大学ウェブサイト）。

世の中を良くする。わたしたちを幸せにする。

大学の大切な役割、使命であると、わたしは考えている。

トランスジェンダー受け入れ

宮城学院女子大、お茶の水女子大、奈良女子大 〈検討中〉日本女子大、津田塾大、東京女子大

レインボープライド出店（2023年4月）

お茶の水女子大、中央大、早稲田大、龍谷大

ジェンダーを考える、多様性の尊重、性暴力批判、性差別反対、性的同意を求める、生理用品の整備など

ちゃぶ台返し女子アクション（Chabujo）
東京大、上智大、創価大、早稲田大など
GENESIS
京都大、立命館大、大阪大など
Voice Up Japan
岩手大、宇都宮大、埼玉大（SpringUp）、獨協大、青山学院大、慶應義塾大、国際基督教大、津田塾大、中央大、法政大、明治大、立教大、早稲田大、京都大、神戸大、長崎大など

学生が運営するジェンダー、LGBTQ対応サークル（西日本）

富山、石川
富山大（Diversity Lounge）、金沢医科大（セクマイサークル）、金沢星稜大（星稜LGBT）、北陸大（セクマイサークル）
岐阜、静岡
愛知岐阜大（にじねこ）、静岡大（grandiose）、名古屋大（セクマイサークル）、愛知県立大（セクシュアリティの学び場）、愛知淑徳大（Coalook）、金城学院大（Raily）、中京大（せっけん）、日本福祉大（にじぷく）
京都
京都大（にじいろきょうと）、京都外国語大（セクマイサークル）、京都精華大（性茶会）、京都橘大（虹橘〜にじたち〜）、京都文教大（Wave Rings）、同志社大（GRA-DATION）、立命館大（立命館 color-free）、龍谷大（S x LGBTQ）
大阪、兵庫、和歌山
大阪大（Libra）、大阪教育大（Flower）、大阪公立大（HRDP ジェンダー研究会）、大阪公立大（Sexwell）、大阪芸術大（GRC）、大阪電気通信大（OECU_Free）、関西大（関西大 LGBT サークル FREE）、関西外国語大（関西外大 LGBT）、近畿大（LGBT サークル）、四天王寺大（Gradation Color）、神戸市外国語大（十人十彩）、関西学院大（KG 虹色プロジェクト）、武庫川女子大（LGBTQ_M.W.U）、和歌山大（LGBT サークル）
鳥取、広島、徳島
鳥取大（FLAG、虹色らくだ）、広島大（hulat）、鳴門教育大（SAG 徳島）
福岡、熊本、大分、宮崎、沖縄
九州大（あるくす）、北九州市立大（LGBT の会）、熊本大（LGBT サークル）、立命館アジア太平洋大（APU Colors）、宮崎大（にじっちゃ）、沖縄キリスト教学院大（Over The Rainbow）

2021年　大学サークルのウェブサイトをもとに作成

学生が運営するジェンダー、LGBTQ対応サークル（東日本）

北海道、岩手、宮城、山形

北海道大（gab）、酪農学園大（snow）、岩手大（セクマイサークル）、東北大（虹色みとこん）、宮城大（Licht〈リヒト〉）、東北生活文化大（セクマイサークル）、東北福祉大（BLENDA ∞ TFU）、東北芸術工科大（stArt）

茨城、埼玉

茨城大（セクマイサークル）、筑波大（にじひろ、サークルQ）、埼玉大（埼大ジェンダー研）、城西大（アリッサム）、獨協大（D-breeze）、文教大（bunkyo-lgbt#タno-tomaru）

神奈川

横浜国立大（横浜LGBTQサークル）、神奈川大（神代ジェンダー研究会）、女子美術大（山百合Yamayuri）、東洋英和女学院大（かえでの虹）、フェリス女学院大（LG-BTQAサークル）

東京

東京大（UT-topos）、東京学芸大（セクマイサークル）、東京都立大（にじかもめ）、跡見学園女子大（セクマイサークル）、大妻女子大（くれぱす）、学習院大（にじがく）、慶應義塾大（Kolours）、国際基督教大（Sumposion）、駒澤大（駒茶）、上智大（紀尾井lgbtサロン）、創価大（Harmony Arch）、大正大（LGBTサークル）、多摩美術大（Pallete）、大東文化大（LGBTサークル）、中央大（ミモザMimosa）、津田塾大（セクマイサークル）、東海大（虹海）、東京女子大（東女セクシュアリティ研究会）、東京造形大（colors）、東京農業大（Gradish]）、東洋大（UNIQUE）、日本大文理学部（みるくるーる）、法政大（ダブルレインボウ）、星薬科大（セクマイサークル）、武蔵大（Nijikiji）、武蔵野大（LGBTサークル）、武蔵野美術大（LGBTサークル）、明治大（Arco Iris）、明治学院大（カラフル）、立教大（aulia）、立正大（Rainbow立正）、早稲田大（GLOW）

おわりに

「大学は最近、学生の学力が低下し学問のレベルがかなり落ちた」

「大学はこの頃、教育に力を入れて学生がよく勉強するようになった」

大学がこのように語られることがある。

どちらが正しいいか。どちらも間違ってはいない。

「大学は」とすべて同じ土俵に載せて一緒くたに測るから、大学への見方に温度差が出てしまう。また、２０２０年代の大学進学率はおよそ55％である。１９９０年前後の20％台の感覚で捉えたら、大学、学生の実態を正しく見ることはできない。いつの時代でも優れた大学がある。残念な大学もある。どんなところにも優秀な学生はいる、ダメな学生もいる。

大学、学生を見る場合、歴史と伝統、人気、難易度だけで評価をしないでほしい。不祥事を起こしたからその大学すべてを色メガネで見ないでほしい。大学の良さを見失ってしまうからだ。

教育や進路支援の充実ぶり、得意とする研究分野、教員や学生の元気な姿――これらを多くの方に知らせたい、という思いから、大学をグループ分けして、大学の魅力を引き出してみた。

本書をまとめるにあたって、大学通信、朝日新聞出版「大学ランキング」最新版のデータを使わせていただいた。また、ちくま新書編集長の橋本陽介さんにはたいへんお世話になった。お礼を申し上げたい。

本書を手にとって大学を探検してほしい。SNSで情報を得るのもいいが、ぜひ直接、キャンパスを訪問してほしい。

ちくまプリマー新書

ちくまプリマー新書

401
学校はなぜ退屈でなぜ大切なのか
広田照幸
「道徳は教えられるか」「学校の勉強は仕事に役立つか」「教育は格差を解消できるか」「AI社会で教育は変わるか」――広い視点と多様な角度からとらえなおす。

197
キャリア教育のウソ
児美川孝一郎
この十年余りで急速に広まったキャリア教育。でも、正社員になれればOK？　やりたいこと至上主義のワナとは？　振り回されずに自らの進路を描く方法、教えます。

383
学校の役割ってなんだろう
中澤渉
忙しすぎる教員、授業への不満、役に立つ教育の要望。学校の様々な課題の背景を理解するために、あらためて学校はなぜあるのか、そして社会との関係を問いなおす。

074
ほんとはこわい「やさしさ社会」
森真一
「やさしさ」「楽しさ」が善いとされ、人間関係のルールである現代社会。それがもたらす「しんどさ」「こわさ」をなくし、もっと気楽に生きるための智恵を探る。

169
「しがらみ」を科学する
――高校生からの社会心理学入門
山岸俊男
社会とは、私たちの心が作り出す「しがらみ」だ。「空気」を生む社会そのものの構造を解き明かし、自由に生きる道を考える。KYなんてこわくない！

ちくまプリマー新書

354
公務員という仕事
村木厚子
時に不祥事やミスなどから批判の対象になる公務員だが、地道に社会を支えつつ同時に変化を促す素晴らしい仕事だ。豊富な経験を元に、その醍醐味を伝える。

359
社会を知るためには
筒井淳也
なぜ先行きが見えないのか？　複雑に絡み合う社会を理解するのは難しいため、様々なリスクをうけいれざるを得ない。その社会の特徴に向き合うための最初の一冊。

367
地方を生きる
小松理虔
いま地方にこそ可能性が広がっている。これまでと違った視点でみれば、新たな魅力と課題が浮かんでくる。仕事、暮らし、苦労などローカルな生き方をお伝えします。

373
勉強する気はなぜ起こらないのか
外山美樹
気持ちがあがらない、誘惑に負けちゃう。お困りなあなたにやる気をコントロールするコツを教えます。目標設定、友人関係、ネガティブ戦略など、どれも効果的！

377
はじめてのＬＧＢＴ
みんな自分らしくいるための
遠藤まめた
恋愛における変なルール、個性を抑えつける校則、家族は仲が良くないといけない……。性の多様性を考えることで、「当たり前」から自由になれる。

ちくまプリマー新書

386
「日本」ってどんな国？
――国際比較データで社会が見えてくる
本田由紀
家族、ジェンダー、学校、友人、経済・仕事、政治・社会運動について世界各国のデータと比較し、日本がどんな国か考えてみよう。今までの「普通」が変わるかも⁉

392
「人それぞれ」がさみしい
――「やさしく・冷たい」人間関係を考える
石田光規
他人と深い関係を築けなくなったのはなぜか――相手との距離をとろうとする人間関係のありかたや、「人それぞれ」の社会に隠れた息苦しさを見直す一冊。

402
ヤングケアラーってなんだろう
澁谷智子
中学校の1クラスに2人はいる――家族の世話や家事を行う子どもたちを指す「ヤングケアラー」。彼らがおかれた状況や支援の取り組みを知るための一冊。

403
私たちはどう学んでいるのか
――創発から見る認知の変化
鈴木宏昭
知識は身につくものではない⁉　実は能力を測ることは困難だ⁉　「学び」の本当の過程を明らかにして、教育現場によってつくられた学習のイメージを一新する。

418
「心のクセ」に気づくには
――社会心理学から考える
村山綾
私たちの心の動きはある型にはまりやすい。しかも、その傾向にはメリットとデメリットが存在する。不安やいざこざを減らすために、心の特徴を学ぼう。

ちくまプリマー新書 431
特色《とくしょく》・進路《しんろ》・強《つよ》みから見《み》つけよう！大学《だいがく》マップ

二〇二三年七月一〇日　初版第一刷発行

著者　小林哲夫（こばやし・てつお）

装幀　クラフト・エヴィング商會

発行者　喜入冬子

発行所　株式会社筑摩書房
東京都台東区蔵前二-五-三　〒一一一-八七五五
電話番号　〇三-五六八七-二六〇一（代表）

印刷・製本　株式会社精興社

ISBN978-4-480-68456-1 C0237　Printed in Japan